# 「かぶオプ」の教科書

### リスクを減らしてリターンを増やす株式投資の新常識

シンプレクス・インスティテュート取締役
# 安藤 希

ビジネス社

# はじめに
## これからの株式投資に求められるもの

　かなり昔になりますが、「株式投資はロマンだ」という言葉を聞いたことがあります。この言葉の意味はおそらく、「将来有望な企業をまだ株価が安いうちに発掘して株を購入し、その企業が成長していく姿を見守り、対価として大きな値上がり益をいただく」ということだと思います。これはある種の**「境地」**に達した投資家か、あるいは単に趣味で株式投資をされている投資家かのどちらかであり、今ではかなり少数派なのではないでしょうか。

　もう死語になりつつある「高度成長時代」、そのころの株式市場では５年で株価が10倍になった銘柄など「掃いて捨てる」ほどあったと往年の投資家は言います。そういう時代でも数年に一度は日経平均が20％下げるような暴落はあったのですが、経済が大きく成長しているという前提がある以上、１年もたてば日経平均も暴落前の水準に戻ってきたそうです。そのころであれば、「株式投資はロマンだ」という言葉はとっても納得のいく響きだったのでしょう。しかしながら昨今は投資の世界にこのようなロマンを求めるのは難しくなってきたように思います。いったいどうしてなのでしょう。

　これは、おそらく日本経済の構造が「高度成長」などとはもうほど遠いところにあり、そのため株式市場も変容してきたためなのではないのでしょうか。その考えが正しいかどうかさっそく調べてみました。

　図１はここ約20年間（2000年１月～2019年６月）の日経平均の推移

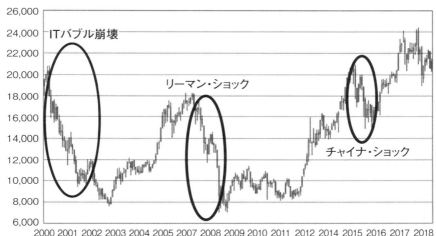

図1 日経平均 月足チャート（2000年1月〜2019年6月）

　です。なるほど、これを見れば株式市場はここ20年間いわゆるレンジ相場だったのだと納得せざるをえません。つまり「長期投資は有利」という格言はこの20年間ではもはや成立していないのです。20年間投資を続けていたら、立派な「長期投資」でしょう。でも20年前の日経平均のレベルは2019年6月現在と大して違いがありません。もちろん個別の銘柄の中にはこの20年間で大きく株価を伸ばし、株式投資家を喜ばせてくれたものもあるでしょうが、平均値が変わらないのなら、逆に投資家を裏切った銘柄だってそれこそまさに**「掃いて捨てられる」**ほどあったのでしょう。

　しかもこの20年間のチャートはさらに深刻なことを伝えてきます。お気づきだとは思いますが、チャートが大きく下落している期間がか

なりの回数あります。2000年ころのITバブル崩壊、2008年ころのリーマン・ショック、2015年のチャイナ・ショック、2016年のブレグジットとまあ目白押しです。これだけショックを受ければ、誰だってこんな市場でまともな投資などやっていられなくなって、さっさと市場から「退場」するか、下落時でも利益を生み出せるデリバティブ市場に「場替え」するかの選択を迫られるでしょう。

　こういった背景があって、日経225先物や日経225オプションが人気を集めているのだ、とわかりました。そう言っている当の本人もオプション取引で遊んでいる投資家の1人です。でも、これはおかしい。米国や中国では個人投資家は健在で今でも市場を支えているのに、どうして日本だけがこれほど個人投資家の参加率や売買比率が低いのでしょう？　昔はもっと多くの個人投資家が市場を支えていたはず…、とまるで見てきたようなことを言ってはみたものの、この現実を変えるほどの力は持っていません（ごめんなさい）。

　ではもう少し自分自身の投資に目を向けて、もしこの国で株式投資を続けるとしたら、何をどうしたらいいのか？　こういった時代にも有効な方法はあるはずで、それはいったい何なんだろう？　と考え、まずは株式投資を継続していくうえでの問題点を洗い出してみました。すると大きな問題が2点あることがわかりました。

**【問題点1】　「長期投資」はあまり機能しない**
　ただ優良株を持っているだけでは、長期間の収益は下落リスクを補うことができない。
**【問題点2】　「分散投資」は平常時でしか機能しない**

ときどき起こる市場大幅下落では、ほとんどすべての銘柄が手をつないでいっしょに下落する。

　という結論に到達したのです。問題点がわかれば、あとはそれをどう解決するか、あるいは、どう避けるか、というだけのことです。それを考えること数日、結局、次の2点をなんとかすれば、まっとうな投資家が慰められるくらいの収益を出せるという結論に達しました。

**【対策1】　ときどき市場を襲うショックに対する有効な手段を考える**
　これができないと、3年かけて貯めこんだ利益を3日で失う。
**【対策2】　個別銘柄からの収益を高める**
　これを実現しないと、いくら時間をかけても資産が増えない。

　**【対策1】**は**比較的簡単**なことです。市場全体を覆うようなショックがきたら、出遅れてもよいから日経225先物を売るか、あるいはあらかじめ日経225プット・オプションを買い、それらからの利益で株からの損失を少しでも埋めるという方法、つまり市場リスクのヘッジということです。これを実際に私自身は普段から実践しており、そう難しいことではないことも体験しています。よって解決済みですが、もしリスク・ヘッジについて不安があり、今一度勉強したい方は第7章にまとめておきましたのでそちらをお読みください。

　**【対策2】**はちょっと**厄介**でした。解決するためにいろいろなことを考えました。たとえば、「よい銘柄」を探してそれに重点的に投資する。言うのは簡単ですが、これができるくらいなら、これまでだってもっと収益が高かったはずです。これは具体的手段に乏しい単なる「スロ

5

ーガン」で終わるでしょう。ならば「高配当銘柄」に注目する。これならさきほどの「スローガン」よりは現実的で方法もありそうですが、調べてみるとそもそも**「配当率」が低い**のです。5％を超える配当率を持つ銘柄などほとんどなく、しかも高い配当率の銘柄があったとしても、なぜ配当率が高いのかと少し調べてみると、さまざまな理由で株価が売り込まれている銘柄ばかりでした。これでは10％の配当をもらって、投資資金を100％失うなんてことにもなりかねず、本末転倒です。では売買のタイミングを上手に見計らって売買することで収益率を高めるという方法はどうでしょうか？　でも、これってプロの歩合ディーラーさんたちがやっているのとどこが違うのでしょう。彼らだって現物株では「とってもとっても苦労している」と言っていたし、しかも私たち個人投資家は本業もあるので市場と毎日にらめっこしているわけにはいかない、よってこれも却下に…。

　これら以外にもいろいろとアイデアだけは出してみたものの、どれもこれもうまくいきそうもないものばかりでした。仕方ないので、日経225先物や日経225オプション、FX、商品先物といろいろ手を出して（全部デリバティブばかり！）、それなりに楽しんではみたものの、やはり株式投資が気になって仕方がありませんでした。

　そんなとき、仕事の関係上「かぶオプ」にかかわることになり、この際せっかくだからかぶオプを使った「カバード・コール」や「ターゲット・バイイング」をやってみたところ、これがなかなか**面白い！**しかも、あまり市場を見ていなくても安定的に収益が得られる、という点が自分にはありがたくぴったり！　ということで、今はそれの専門家を目指して本まで書いてしまったというわけです。かぶオプの奥

深さをほんの少し感じられるくらいまでは経験を積みましたが、そこにはもっと大きな世界がきっとあるのではないかと思っています。幸いなことに、と言っては何ですが、かぶオプの世界はまだまだ参加者が少なく、それが逆にとても楽しい勉強の場になっています。なぜかって、自分が出している注文を「**あっ、これ私の買い注文だ**」と板の上で見られるなんて、他の市場ではなかなか体験できないでしょう？これから、みなさんといっしょに、かぶオプを大きく育てていきたいと願っています。

　本書は1冊を通してお読みいただくことで、株式投資に役立つデリバティブ取引のすべてを学べるようになっています。投資初心者の方は第1章からお読みください。すでに投資経験がおありで、すぐにでもかぶオプ取引を実践したい方は第3章から読み始めていただいてもかまいません。オプションの基礎を学びたい方は第2章を、かぶオプの取引事例を知りたい方は第4章をご覧ください。

　最後に、株式会社大阪取引所の髙田様、冨田様をはじめデリバティブ市場営業部のみなさまより、かぶオプ取引に接する機会をたまわりましたこと心より感謝申し上げます。また、本書の出版に際しては鈴木雅光様にご協力およびご助言をいただきました。さらに、かぶオプ普及の可能性についての検討に際しましては、株式会社ADVANCEの田代岳様にアドバイスをたまわりました。デリバティブ取引の基礎とリスク・ヘッジに関しては伊藤祐輔様にご指導いただきました。みなさまにはこの場を借りて深くお礼申し上げます。

安藤希

**はじめに** これからの株式投資に求められるもの ———————— 2

# 第1章 「個別株式＋かぶオプ」が 株式投資の新常識

株式投資のリスクを減らしてリターンを増やす
「カバード・コール」 —————————————————— 14

「カバード・コール」とは何か ————————————— 18

米国では「株式＋カバード・コール」が当たり前 ————— 24

従来の株式投資よりも簡単で有利な「かぶオプ」取引 —— 27

取扱銘柄数は約230銘柄 ————————————————— 30

# 第2章 かぶオプを始める前に 押さえておくべき オプションの基礎知識

**「オプション取引の基本動作」を覚えましょう** ————— 34

**コールの取引とは** ————————————————————— 36

コールを買う

株を持っていてコールを売る＝「カバード・コール」

**プットの取引とは** ————————————————————— 44

株を持っていてプットを買う

株を買う現金を用意してプットを売る＝
「ターゲット・バイイング」

**オプションのプレミアム（価格）はこうして動く** ———— 48

**オプション取引で利益を確定させる方法は2つある** —— 58

取引最終日前に反対売買する方法

取引最終日を待つ方法

**オプション・プレミアムは**

　「本質的価値」と「時間的価値」に分解できる —————— 62

**戦略は継続することで「磨かれる」** —————————— 68

**「カバード・コール」や「ターゲット・バイイング」の**

　リスクとその対処法 ————————————————— 70

**「持ってもいない」ものを売ることができるのか?** ———— 72

# 第3章　かぶオプの実践知識

**取引を始める前に** ——————————————————— 76

**「かぶオプ」はいくらから取引できる?** ————————— 77

**かぶオプ取引の銘柄の選び方** —————————————— 79

**かぶオプの取引価格(プレミアム)を決める** ——————— 83

**かぶオプ取引実践** ——————————————————— 89

　「カバード・コール」のケーススタディー　JR東海

　「ターゲット・バイイング」のケーススタディー　清水建設

**かぶオプ取引のための情報収集** ————————————— 95

# 第4章　かぶオプが使えると
# こんな取引も可能になる

**塩漬け株の損失を埋めるための「カバード・コール」**

　JT(日本たばこ産業) ——————————————— 104

**株主優待と「カバード・コール」でリターンを改善**

　ANAホールディングス —————————————— 108

低配当株のリターンを「カバード・コール」で改善
　　　オリエンタルランド ——————————— 114
高配当株でも「カバード・コール」
　　　ヤマハ発動機 ——————————— 120
株価が上がらなくてもコツコツ利益が積み上がる
　　　「カバード・コール」　ソニー ——————————— 122
「ターゲット・バイイング」でお得に買い、
「カバード・コール」でお得に売る　キーエンス ——————————— 126
値下がり局面で有利に買う　キヤノン ——————————— 133
短期間でプレミアムを稼ぐ　任天堂 ——————————— 136

## 第5章　よくある質問とその答え

「カバード・コール」で損失が生じるのはどういうとき？ —— 142
「ターゲット・バイイング」で損失が生じるのは
　　　どういうとき？ ——————————— 143
信用取引で買った株式で「カバード・コール」はできる？ —— 144
かぶオプの取引の利益は損益通算できる？ ——————————— 144
特定口座の株式でかぶオプの取引は可能？ ——————————— 146
「カバード・コール」をしたいが、株式を持っていません。
　　　どうすればよいの？ ——————————— 146
取引の流動性が心配です ——————————— 146
途中で「カバード・コール」や「ターゲット・バイイング」を
　　　やめることはできるの？ ——————————— 147
「カバード・コール」や「ターゲット・バイイング」では
　　　証拠金は必要ないの？ ——————————— 148
かぶオプだけを単独で売買することは可能？ ——————————— 148

# 第6章 かぶオプを買うという戦略

コールを買う　損失限定で値上がり益をねらう戦略 —— 150

コールを買う　値がさ株をお手頃価格で取引する —— 154

プットを買う　株の保険 —— 157


# 第7章 株式投資を続けていくうえで役立つ デリバティブの知識

ボラティリティとは何か、株式投資にどう役立つのか —— 162

市場大幅下落への対処法①　先物を用いたヘッジ —— 167

市場大幅下落への対処法②
日経225プット・オプションを用いたヘッジ —— 173


# 付録

付録1.【かぶオプ対象銘柄一覧（2019年7月31日時点）】— 175

付録2.【権利行使価格の刻み】—— 186

付録3.【かぶオプ情報リンク集】—— 187


## おわりに —— 188

# 第 1 章

## 「個別株式 ＋ かぶオプ」が
## 株式投資の新常識

# 株式投資のリスクを減らして
# リターンを増やす「カバード・コール」

　株式投資を長く続けている方も、これから株式投資を始めてみようと思っている方も、投資では次のことを意識しているに違いありません。それは、

**(1)「できるだけ利益を高めたい」**
**(2)「できる限り損失は小さくしたい」**

　という2点です。そのために、こうして本を手に取って勉強し、あるいは日々ニュースを読み、時にはチャートを分析したりしていらっしゃるのでしょう。継続的に利益を出し、損失をできるかぎり減らすことは、投資家の願いであり、目指すゴールです。この本では、これまでの株式投資と比べてお金や手間をほとんどかけずに、投資家の目的の「利益向上」と「リスク軽減」を同時に実現する方法をお伝えします。

　株式投資で高い利益を出すには、タイミングよい売買や、高配当の銘柄の選択などといった工夫が必要です。配当については予想配当が発表されていますから、高配当銘柄を探すことはできますが、最適な売買のタイミングは後になってみなければわかりません。いつが買い時か売り時かがわかればこれほど楽なことはないのですが、これは望めません。では、利益を確実に増やす方法は他にないのでしょうか？

もともと株式投資は銀行預金などに比べると、ハイリスク・ハイリターンな投資です。銀行預金であれば、預けておいた100万円が、自分がお金を使ってもいなのに気づいたら90万円になっていたなどということは通常起こりえません。しかし株式投資の場合は、自分の買った株式の株価が（自分が何もしないのに）値下がりしてしまうことはよくあります。100万円で買った株が、あっと言う間に80万円、60万円と下落してしまうことはいくらでもあります。最悪の場合、買った株の会社が倒産すれば、持っている株の値段は０円になってしまいます。株式投資に値下がりのリスクはつきものですが、このリスクをなんとか減らす方法はないのでしょうか？

「お金を運用して増やしたいけれども、株は売買のタイミングが難しくて怖いし、損はしたくない」と思っている人は、なかなか株式投資に手を出せないでしょう。では、株式投資の値下がりリスクを従来の株式投資よりも確実に軽減でき、かつ、**利回りを高める方法がある**と聞いたらどうでしょう。その方法、とりあえず聞くだけ聞いてみたいと思いませんか？　うなずいたあなた、まずは「**カバード・コール**」という言葉を覚えてください。この「カバード・コール」は、定期預金、債券、投資信託といった金融商品名ではありません。金融取引の手法のひとつといったほうがよいでしょう。具体的にどのようにやるのか、ひとつ例をお見せしましょう。

　次のチャート（図２）はJR東海（9022）の株式の2018年11月１日から2019年１月15日までの２か月半の日足チャートです。もしこの株を11月中に買って１月中に売ったとすると、最大どれだけの利益を出すことができるでしょうか？

　投資の達人であれば、この期間の安値で買い、高値で売るのかもし

**図2** JR東海 日足チャート（2018年11月1日～2019年1月15日）

れません。つまり、11月5日の20,920円で購入し、1月11日に23,790円で売ることができたとすれば、1株あたりの利益は2,870円（＝23,790円－20,920円）です。この取引を100株で行ったなら、株の買い代金2,092,000円を投じて287,000円の利益を得たことになります。この2か月半の期間収益率は、

$$(23{,}790円 - 20{,}920円) \div 20{,}920円 = 13.72\%$$

となります。これだけ効率よく、またタイミングよく取引ができるなら株式投資は簡単ですが、これはまさに「**神わざ**」です。

実際の投資ではこのように「安値で買って高値で売れる」なんてことは、よほど運に恵まれまければまず起こりません。この例では、せいぜい21,000円で買い、23,500円で売れたとすれば、それでも大成功と言えるでしょう。仮に、JR東海株を21,000円で買って23,500円で売

ったとすると１株あたりの売買利益は2,500円（＝23,500円－21,000円）となります。一方、「カバード・コール」という手法を使うと、この2,500円の利益をさらに28％多い、１株あたり3,200円に増やすことができます。

図３をご覧ください。そこで示されているように、「カバード・コール」という仕組みを使うだけで、１月に入ってくる１株2,500円の売却益に加え、１株あたり11月に210円、12月に490円という追加の利益を得ることができ、１株あたり合計、

**2,500円＋210円＋490円＝3,200円**

の利益となります。期間収益率で考えると、

**3,200円÷21,000円＝15.24％**

図3　同一期間、同一銘柄を売買した利益の比較

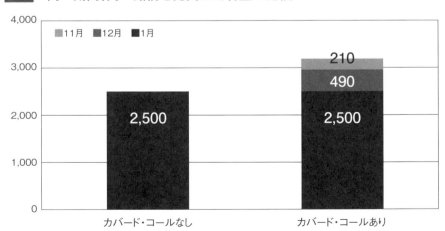

となり、これは「**神わざ**」の収益率（13.72％）を超えています。

　しかも、この「カバード・コール」は、これまでの（通常の）株式投資になんら追加の資金を必要とすることもなく、また株価の上下とは関係なく、追加の利益（ここでは210円＋490円）をもたらしてくれます。利益を28％も増やすことができ、さらに、株を売却する以前に、前もって少しずつ利益が入ってくるので、ただ株を買い持ちしている場合に比べ、株価の変動に対してもリスクを少し軽減できていることがわかります。このように「カバード・コール」は株式投資のリスクを減らし、同時に収益を増やすことが可能な方法なのです。

# 「カバード・コール」とは何か

　では「カバード・コール」とはいったいどのような手法なのでしょうか。「カバード・コール」という言葉は「カバード」と「コール」という２つの単語からできています。そこでまず、「コール」というものが何かをご説明しましょう。ここで株仲間のHさんとWさんに登場していただき「コール」の取引をしてもらいます。２人はA社の株について次のように考えているものとします。

**Hさん**：A社株を１株1,000円で買いたい。
**Wさん**：過去に１株800円で買ったA社株を、１株1,000円で売却したい。

　この２人の会話です。

**Hさん**

「A社株を１株1,000円ぐらいで買いたいと思っています。今すぐ買ってもよいのですが、もう少し安くなるまで待とうか迷っています。しかし、こうして迷っているうちに株価がどんどん上がってしまったら、こんなに悔しいことはありません。どうしたものでしょうか」

**Wさん**

「実は私、A社の株をだいぶ昔に１株800円で買っていて、1,000円ぐらいなら売ってもいいなとちょうど思っていました。Hさんが買い時に悩んでいるのなら、売るのをあと１か月待ってあげますよ。１か月後、もしA社の株が値上がりして1,000円を越えていたら、私の持っている株を１株1,000円で売って差し上げます。反対に１か月後の株価が1,000円を下回っていたら、私から買わずに、市場で1,000円より安く買えばいい。これならどちらにころんでも１か月後にA社の株を１株1,000円以下で買えるので安心でしょう？　どうですか？」

　Wさんが申し出たこの提案、言い換えればこうなります。
**（1）１か月後にA社の株価が1,000円を超えていればWさんからA社株を1,000円で買うことができる**
**（2）１か月後にA社の株価が1,000円を超えていなければ市場でA社株を1,000円以下で買えばよい**

　つまりHさんは、A社の１か月後の株価がどうであってもWさんから１株1,000円で買うことができる**「権利」**を手に入れ、その権利は使っても使わなくてもよい、ということになるでしょう。もしHさんがこの権利をWさんからタダでもらえるのなら、こんなうまい話はありません。なぜなら１か月後の市場でA社の株価が1,000円を超えて

19

いたら、Wさんから市場価格より安い1,000円で株を買えばよいし、市場価格が1,000円以下なら、Wさんからは買わずに市場価格（1,000円以下）で買えばよいからです。

　しかし、このことはWさんの立場からすれば何の得もないということになります。だとすれば、Wさんがそんな権利をタダでくれるはずはありません。この権利をHさんに渡すからには多少のお金をいただきたいと思うのは、Wさんとしてはごく自然なことです。そこでWさんは続けてこう言います。

**Wさん**
「Hさん、この話、さすがにタダでというわけにはいきません。本来ならいま市場で売れるA社株を売らずに、しかも1か月後に私から1株1,000円で買うことができるという権利をあなたに差し上げるのですから、そのかわりにいくらかお金をください。1株あたり80円でどうでしょうか。1株につき80円、今日のうちにお支払いいただけるなら、1か月後に株価が1,000円をいくら超えていても、1株1,000円で売って差し上げますよ」（図4）

**図4　コールの売買**

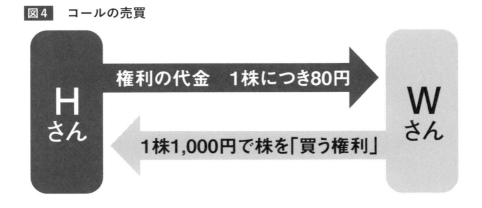

その条件に納得したHさんは、さっそく１株あたり80円のお金をW
さんに払い、１か月後にA社株を１株1,000円で買えるという「権利」
を手に入れました。もうお気づきの方もいらっしゃるとは思いますが、
この「権利」のことを「**コール**」と呼びます。

　さて、１か月後どうなるでしょうか。結果はA社株の市場価格が
1,000円を超えているか超えていないかのどちらかです。ではまず、
１か月後に株価が1,000円を超えている場合から考えてみましょう。

　このとき、Wさんは株を１株1,000円でHさんに売らなければなり
ません。仮に株価が1,050円になっていたとしても、もともと1,000円
で売ると約束したのですから約束は約束です。Wさんは市場価格が
1,050円なのに1,000円で売らなくてはなりませんから、一見すると損
をしたようにみえます。

　でも、そうではありません。思い出してください。当初、Wさん
は800円で買ったA社株を1,000円で売ってもいいと思っていたのです。
もしこのような話にHさんが乗ってこなければ、Wさんは市場でA社
株が1,000円という値段をつけたときに1,000円でとっとと売り払って
いたはずです。ですから、1,000円で売ることは実質的な損失にはな
っていません。

　しかも今回はHさんから１株あたり80円を１か月前に受け取ってい
ますので、１株1,000円でHさんに売ったとしても、1,000円＋80円、
つまり１株あたり1,080円で売ったことと同じになります。A社株を
1,000円で売ってもいいと思っていたWさんは、80円分だけ高く、ち
ょっとお得に株が売れたのです。これが１か月後の株価が1,000円を
超えた場合の結果です（図５）。

21

**図5** A社株が1か月後に1,000円を超えた場合

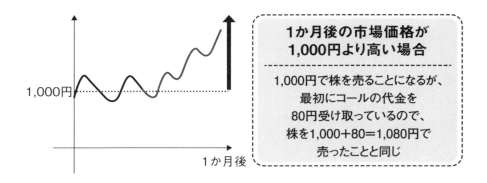

　では、1か月後A社の市場価格が1,000円を超えていない場合はどうなるのでしょうか。このときWさんは株をHさんに売ることはできません。なぜなら市場価格が1,000円を超えていないのに、Hさんはわざわざ1,000円を出してWさんから買う必要がないからです。1株あたり80円出してHさんが買った「コール」は「権利」であり「義務」ではありません。Hさんはそんな「コール」を「権利放棄」し、市場でA社株を1,000円より安く買うだけのことです。ですから1か月後の株価が1,000円を超えていなければ、WさんはHさんにA社株を売ることができず保有したままです。これは1,000円で「指値売り」の注文を出し、それが約定しないのと同じようなことです。
　それでもWさんにとっては、ただ株が売れなかったわけではありません。Wさんの手元に何か残っていませんか？　そう1か月前にHさんから受け取ったお金、1株あたり80円が残っています。つまりWさんはA社株をまだ売ってもいないのに80円を丸取りできます(図6)。

　結局、WさんはA社の株が売れようが売れなかろうが、「コール」の代金として1株あたり80円をHさんから受け取っています。そして

**図6** A社株が1か月後に1,000円以下の場合

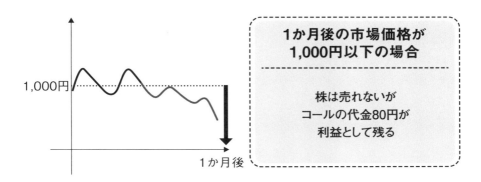

　株価が1,000円を超えた場合には、当初のねらいどおりA社株を1株1,000円でHさんに売却しますが、1か月前に受け取った80円のおかげで、1,000円よりも高い1,080円で株を売ったことと同じになります。一方株価が1,000円を超えていない場合でもWさんの手元には「コール」の売り代金の1株あたり80円が残り、まだ株を売ってもいないのに現金を手にすることができるのです。

　実はここでWさんが実践したように、「コール」を売ることで持っている株をちょっとお得に売る方法を「カバード・コール」と呼ぶのです。当然のことですが、Wさんのように株をすでに持っていなければ、この「カバード・コール」はできません。「カバード」というのは**「株を持っている」**という意味があるのです。
　ですから「カバード・コール」は、まさに株を持っている株式投資家だからこそ可能な、すごい方法です。株価が上でも下でもどちらに動いても、お金（この例では1株あたり80円）を受け取れる仕組みがあったということです。実はこの「カバード・コール」、知る人ぞ知る有名な戦略なのです。

# 米国では
# 「株式＋カバード・コール」が当たり前

　前述した「カバード・コール」を行うには、個別の株式を買い持ちして、「コール」という権利を売りました。この「コール」は、大阪取引所に上場している「かぶオプ」という商品の一種です。「かぶオプ」とは「株式のオプション」を略したもので、通常の株式取引に組み合わせて使うことで、株式投資をより安全にし、資金効率を高めてくれる商品です。正式名称は「有価証券オプション」と言いますが、この本では簡単に**「かぶオプ」**と呼ぶことにします。

「オプション」という言葉を聞いたことがある方は、難しい取引を想像したかもしれません。でも、ご心配は無用です。「オプション」と名前のつくものはどれも、プロ向けの取引だと思っていらっしゃるかもしれません。ところが実は「かぶオプ」の取引は簡単で、誰でも実践できます。

　むしろ「かぶオプ」を使わずに株式投資をするのは、とてももったいないことで、株の下落リスクに対してまったく無防備のまま投資を続けるという危険を冒していることになります。

　投資先進国の米国では、株式投資の初心者にこそ「かぶオプ」の活用を推奨しています。というのも、株式やETF、REITに「かぶオプ」を組み合わせて取引することで投資の安全性が高まり、さらには、投資戦略も一気に広がり収益性も向上するためです。この本では株式投資初心者の方でも理解できるよう、「かぶオプ」の使い方をできるだけわかりやすく説明いたします。

ここで少し米国の事情をお話しします。米国では「かぶオプ」の取引高が年々増加してきています。「かぶオプ」というのは、日本取引所グループに属している大阪取引所において行われている有価証券オプション取引の愛称であり、米国では「Single Stock Option」などと呼ばれます。

　この取引は、米国では非常に頻繁に活用されていて、取引規模も日本とは比べ物にならないほど大きくなっています。日本の「かぶオプ」の取引高は、１日平均でまだ数千枚程度ですが、米国の有価証券オプション取引の取引高は、Ｓ＆Ｐ500に入っている銘柄の「かぶオプ」の取引だけで１日平均で160万枚（2019年６月時点）もあります。

　たとえばApple社株のオプションは2019年６月の１か月間で142万枚も取引されています（Cboeサイトより）。

　なぜ、日米でこれだけの違いがあるのかはさておき、米国では「かぶオプ」がこれほどまでに個人投資家の間にも浸透していることを取引高の多さが示しています。米国では、「かぶオプ」を用いた「カバード・コール」を株式投資のリスク軽減する手段のひとつとして位置づけています。もちろん、「かぶオプ」もオプションの一種ですので、使い方を誤るとリスクの高い投資法になります。

　しかし「かぶオプ」は株式と正しく組み合わせることで、株価変動によって生じるリスクを軽減させ、過大なリスクを取らずに、通常の株式投資よりも収益を高めることを可能にしてくれます。

　そのため米国では、初心者が株式に投資するに際して、「かぶオプ」取引との組み合わせを推奨している団体もあるくらいです。

「本当は株式に投資してみたいけど、値下がりするリスクが怖くて、なかなか始められない」とおっしゃる方にこそ、「かぶオプ」はおすすめです。「でもオプションなんて難しくて……」と、尻込みしてしまう方もいらっしゃると思います。本格的にオプションを知り尽くそうというのであれば、かなり高度な数学の知識や根気と時間を必要とします。

ただし、この本を読んでくださっているみなさんは、「オプション理論を駆使して利益を追求する」よりは、**「より簡単に安全にたくさん儲けること」**が最大の目的であるはずです。そうであるのなら、オプションの理論価格の計算方法なんて知る必要はありません。

大事なことは、**「できるかぎり損失を減らし、確実に利益を増やす方法を実践する」**かどうかです。面倒なことにはいっさい興味がない方でも、投資初心者でも、「かぶオプ」で安定的に収益を上げることができる手法をご説明いたします。

# 従来の株式投資よりも簡単で有利な「かぶオプ」取引

「オプション取引」にはさまざまなものがありますが、本書でみなさんにお伝えしたい取引はたった２つの手法、「カバード・コール」と「ターゲット・バイイング」だけです。このうち「カバード・コール」は、先の説明でご想像いただけたかと思います。要するに**「ちょっと有利な指値（さしね）売り」**とお考えください。つまり、保有している株を自分の売り目標よりもお得に売ることができます。それに対して「ターゲット・バイイング」は、**「ちょっと有利な指値買い」**とみなすことができます。「カバード・コール」は「カバコ」、「ターゲット・バイイング」は「ターバイ」とそれぞれ略して呼ばれることがあります。

指値注文とは、値段を決めて注文を出す取引のことです。それに対して、成行（なりゆき）注文とは、値段は決めずに今すぐ売買できることを重視した取引です。発注すると即時に執行される成行注文とは異なり、指値注文は株価がその値段にならないかぎり注文は執行されないことはご存じのとおりです。

たとえば現在の株価が1,100円で、1,000円になったら買いたいと思うのであれば、1,000円の買い指値注文を入れます。その後、株価が下落して1,000円になったら買い指値注文が執行され株が買えます。逆に、1,000円で買った株式を1,200円で売りたいと思ったら、1,200円に売り指値の注文を入れ、実際に1,200円まで値上がりした時点で売り指値注文が執行され株が売れます。これが投資の経験者であれば誰

27

でも一度はやったことがある「指値注文」です。「カバード・コール」と「ターゲット・バイイング」は、こうした「指値注文」で売買するのとほぼ同じことをより有利に執行するための、ちょっとお得な取引手法なのです。

　もし今1,000円より高い株式を1,000円で買いたいと思ったら、株価が1,000円に下落してくるまで「ターゲット・バイイング」という方法を続けます。当然、株価は上下しますし、なかなか1,000円まで下がらないこともあります。ところが1,000円になるまで「ターゲット・バイイング」を行えば、そのつどいくらかの現金が入ってきます。そして実際に株価が1,000円以下に下がってくれば、1,000円で株式を買うことができます（図7）。

図7　指値買いとターゲット・バイイングの比較

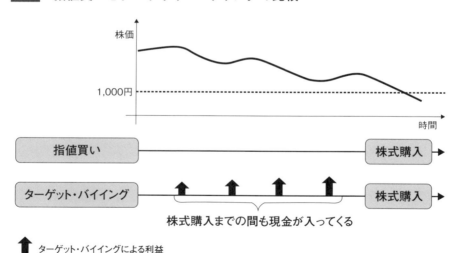

　次に、1,000円で株を買った後、1,200円を目標株価にして売却する

としましょう。この場合は、1,200円を目標とした「カバード・コール」を行います。「ターゲット・バイイング」と同様、やはり株価は常に上下し、なかなか1,200円まで到達しないかもしれません。それでも、1,200円になるまで「カバード・コール」を続ければ、株が売れるまで現金が入ってきます。そして実際に株価が1,200円以上になれば、その時点で持ち株を1,200円で売却できます（図8）。

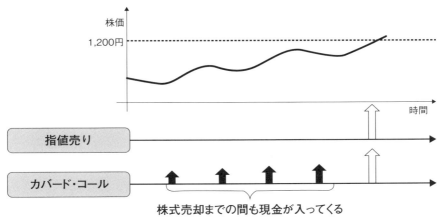

図8　指値売りとカバード・コールの比較

これに対して、ただ指値注文を出して注文が約定するまでの待っている間は利益を一銭ももたらしてはくれません。しかし「カバード・コール」や「ターゲット・バイイング」を使えば株の売買が執行されるまで待っている間にも現金収入があります。その現金収入の分、「ターゲット・バイイング」であれば通常の買い指値注文よりも実質的に株を安く買え、「カバード・コール」であれば売り指値よりも実質的に高く売れることになります。

# 取扱銘柄数は約230銘柄

「かぶオプ」は「有価証券オプション」、もしくは「個別株オプション」といわれるように、基本的には日本の証券取引所に上場されている個別企業の株式を原資産とするオプション取引です。原資産とは、最終的にどの銘柄の株を売買するかを表すものです。たとえばトヨタ自動車のかぶオプなら、トヨタ自動車の株式が原資産になります。トヨタ自動車のかぶオプの値動きは、トヨタ自動車の株価が動くことによって変動します。

　かぶオプは、もちろんそれ自体を単体で売買することで売買益をねらうこともできますが、前述したように、原資産である株式と組み合わせることによって、投資リスクを軽減させたり、より有利な条件で株を売買できます。本書でこれからより詳しく解説していく「カバード・コール」と「ターゲット・バイイング」という取引手法は、まさに現物株式との組み合わせによって効果を上げるものなのです。

　大事なことは、かぶオプのラインナップに、**投資対象となる個別銘柄があるかどうか**ということになります。

　本書の付録に、2019年7月時点で取引できるかぶオプの銘柄を載せておきました。それをご覧いただければおわかりのように、ほとんどが日本を代表する会社ばかりです。おそらく初めて株式に投資するという方が「**買いたい！**」と思っている銘柄の多くが、この中に入っているはずです。

また、かぶオプの対象となる銘柄は、トヨタ自動車やソフトバンクといった個別企業の株式だけではありません。日経平均株価などの株価インデックスに連動するETF（上場投資信託）やJ-REIT（不動産投資信託）を対象にしたものも含まれています。ここでETFやJ-REITについて簡単に説明しましょう。

　ETFとは「Excahnge Traded Fund」の略で、株式と同じように、取引所に上場されている投資信託（投信）のことです。つまり投信が上場されていて、株式と同じように市場で売買できます。その取引価格は基本的に株価インデックスに連動するため、株式市場全体を買うというイメージになります。個別銘柄を選ぶ場合には、その企業がどのようなビジネスを行っているのか、業績はどうなのか、あるいはスキャンダルなどはないのか、といった点にも気を配らなければなりません。ところが、株価インデックスに連動するETFならば、このような作業や心配をせずに済みます。選ぶのが簡単というのが、ETF最大のメリットといってもよいでしょう。さらには「金（ゴールド）」についてのETFなどもあり、これらETFにもかぶオプが設定されています。興味をお持ちの方は、本書の付録で確かめてください。

　一方J-REITとは、東京証券取引所に上場されている不動産投資信託「Real Estate Investment Trust」のことです。その名のとおり、J-REITはオフィスビルや商業施設、レジデンス、介護施設、ホテル、倉庫といった不動産物件に投資して、そこから得られる賃料収入を配当として、ファンドの保有者に支払います。一般的に、J-REITの配当利回りは、株式のそれに比べて高めに設定されているようです。J-REITを対象としたかぶオプも設定されていますので、**高配当銘柄とかぶオプを組み合わせる**のはひとつの選択肢となるでしょう。

2019年7月2日現在、東京証券取引所には3,674銘柄が上場されています。これに対して、かぶオプの銘柄数は229銘柄ですから、10%もカバーしていないことになります。しかし、実際に株式を売買するとわかりますが、3,674銘柄のすべてを調べて取引するのは至難の業です。かぶオプの対象となっている230銘柄程度もあれば、個人が取引するには十分な銘柄数ともいえます。最近では日本でもかぶオプの強力な手法を用いて、効率よく株式投資を継続している投資家もしだいに増えているとのことです。

　ここまでの説明で、かぶオプに対する関心が少し高まってきたのではないでしょうか。とにかく今は、「ターゲット・バイイング」と「カバード・コール」を覚えましょう。「ターゲット・バイイング」を活用して有利な指値買いを行う、「カバード・コール」を活用して有利な指値売りを行う。**それだけで十分**です。

　とはいえ、せっかくオプションを勉強するのですから、オプションの基本やオプションの価格の動きを理解しておくことは、みなさんの投資の「質」を上げるのに多少役立つはずです。
　次章ではオプションの基礎知識について説明します。内容はやや細かくなりますので、ざっと目を通す程度でもかまいません。売買を実践してから読み直してもよいですし、必要に応じて参照するという使い方もあると思います。これ以降は興味のある章から読み進めていただいて大丈夫です。

# 第 2 章

かぶオプを始める前に
押さえておくべき
オプションの基礎知識

# 「オプション取引の基本動作」を覚えましょう

「かぶオプ」とは「株式のオプション」を略した言葉です。「株式」はご存じの言葉だとは思いますが、「オプション」とはいったい何でしょうか。「オプション」というのは金融商品のひとつの種類で、「株式」と同じように売ったり買ったりできる商品です。「オプション」には大きく分けて２種類あり、「コール・オプション（以下、コール）」と「プット・オプション（以下、プット）」に分類されます。株式を有利に売りたいときにコールを売るのが「カバード・コール」、株式を有利に買いたいときにプットを売るのが「ターゲット・バイイング」です（図９）。

**図9** かぶオプ取引の４パターン

|  | コール | プット |
|---|---|---|
| 買う | 購入予定株値上がりへの保険 | 保有株下落の保険 |
| 売る | **カバード・コール** | **ターゲット・バイイング** |

　実のところ、「カバード・コール」や「ターゲット・バイイング」を行うにあたってはコールやプットというがどういうものなのか、詳しく理解する必要はありません。以下の「手法」さえご理解いただければ取引で困ることはありません。というのも、「カバード・コール」

や「ターゲット・バイイング」は、通常の株式投資と比べ、むしろリスクは下がるので、株式投資をすでに行っている投資家にとって注意するべきことが特にないからです。

## 【カバード・コールの手法】

保有株をある値段で売りたいと思い、コールを売りコールの売り代金を受け取る。その結果、

(1) コールの取引最終日（後述）に株価終値がある値段を上回っていたら、株が売れる。

(2) 取引最終日に株価がある値段を下回っていたら、株は売れない。

## 【ターゲット・バイイングの手法】

株式をある値段で買いたいと思い、プットを売りプットの売り代金を受け取る。その結果、

(1) プットの取引最終日の株価終値がある値段を下回っていたら、株が買える。

(2) 取引最終日に株価がある値段を超えていたら、株は買えない。


手法はたったこれだけです。ですから、極端なことを言えば、第1章の内容とこの手法さえご理解いただければ、あとはもう取引を実践するだけです。とはいえ本書を手に取ってくださる方は勉強熱心な方が多いと思います。「オプション」についてもう少し理解してから取引したいという方もいらっしゃることでしょう。

そのような方のために、「オプション」についてこの章では詳しく説明してまいりますが、読み飛ばしていただいても大丈夫です。実際に取引をしてみてから、わからない言葉が出てきたときに必要に応じてこの章を活用してください。

35

さて、インターネットなどで「オプション取引」を検索すると、おそらく次のような説明文が表示されると思います。

**「オプション取引とは、ある特定の商品を、あらかじめ決められた期日に、あらかじめ決められた価格で買う（もしくは売る）権利の売買のこと」**

　これを読んで理解できるのは、オプションのことをすでにご存じの方だけでしょう。このようにあまりにすっきり説明されているのでかえって想像しづらく、「オプション」とは何やらとても難しいものだと敬遠されがちです。
　実際には取引はとても簡単で、株式取引の収益向上とリスクの軽減に役立つとても便利なものです。ではどのような使い方ができるのか、コールとプットそれぞれについて、ゆっくりご説明いたしましょう。

# コールの取引とは

## コールを買う

　あなたはX社の株に投資しようとしているとしましょう。そのX社の株価は現在1,000円前後です。100株買いたいと思っていますが、X社はこの月末に決算発表を控えていて、これから株価が大きく動く可能性があり、買うタイミングがとても難しい状況です。もし仮に予想を上回る好決算で株価が上がると今わかっているのなら、すぐにでも１株1,000円で買っておきたいところですが、そんな情報はなかなか

手に入りません。だからといって決算発表後に買おうとしたときに株価がすでに1,200円になってしまっていたら、「高くてもう買えないよ、あのとき買っておけばよかったのに儲けそこなった」と、注目していた株を買わなかったことをきっと後悔することでしょう。そうかと言って、今すぐ株を買いその直後にX社に下方修正でも発表されたら目も当てられません。仮に100株買って800円まで値下がりしたら「1,000円で買うことはなかった。買うのが早すぎたばかりに２万円も損をした」とこれもまた後悔するに違いありません。そんなあなたに私が次のような提案をしたら、どうしますか？

(1) 来月のある日に、X社の株価が1,000円より高くなっていた場合、あなたは１株につき1,000円でX社の株を私から買うことができる。

(2) 来月のある日に、X社の株価が1,000円以下であれば、あなたは私から株を買う必要はない。

　あなたは私からのこの提案を受けますか？　それとも拒否しますか？　おそらく拒否はしないでしょう。この提案を受けたとしてもあなたには一銭の損もないからです。（1）の場合は、実際には1,000円以上に値上がりしているX社の株を1,000円で買うことができるので、すぐに含み益が発生します。儲けそこねてがっかりする必要はこれでなくなります。（2）の場合には株を買わずにすみますから損もありません。X社の決算発表前にこの提案を受け入れるのは、とてもよい方法に思えます。

　一方、あなたにとって損のないこの提案をした私は、反対に何ら利益がありません。ですから、あなたにこの提案するためには、私としては多少の「対価」をあなたからいただかなければなりません。そこ

で、この対価を1株につき仮に50円としてみましょう。もし100株の売買であれば50円の100倍の5,000円をあなたは私に支払います。

この提案をあなたが受けた場合、まず私に5,000円を支払い、来月の約束の日を待ち、(1) の場合であれば私から1株1,000円で100株買い、(2) の場合なら何もしません。ということはあなたの「**損失**」の最大額は最初に私に支払った5,000円ということになります。なぜなら、(1)の場合に株価が1,000円よりも値上がりすれば、1,000円で私から買った株からは利益が出る一方ですし、(2) の場合、仮に株価がどれだけ値下がりしても株を買っていませんから、損益は発生しません。確かに最初に支払った5,000円は戻ってきませんが（これが損失）、考えてみれば、値下がりする株に手を出さずに5,000円の損失だけですんだ、ともいえます。

一方、あなたが受け取るかもしれない「**利益**」は、株価が上がったら上がった分だけ入ってきます。仮に好決算を受けてX社の株価が翌月1,200円まで値上がりしたとしましょう。このとき、あなたは私から1株1,000円で100株買うことができますので、1,200円まで値上がりした株が20,000円（＝（1,200円－1,000円）×100株）の利益をもたらしてくれます。前もって5,000円を支払っておくことで、どれだけ株価が値上がりしても1株1,000円で買うことができるのですから、値上がりすればするだけうれしいことになります。

もちろん5,000円しか受け取らずに市場価格が1,200円のとき1株1,000円で株をあなたに売ることになった私は多少がっかりすることでしょう。しかし私は私で、もしこのやり取りがなければ、X社の株が1,000円になった時点で「待ってました」とばかりにさっさと市場で1,000円で売ってしまうでしょうから、あなたから5,000円を余分に受け取れるのは悪い話ではないのです。

実は、このようなやり取りがまさに**「コール」の売買**です。あなたは私からコールを買ったということになります。つまり、コールをある値段（ここまでの例では1株につき50円）で買うと、「将来のある日」において、株価が「ある価格」を超えていたとしても、その価格で株を買うことができます。一方「将来のある日」において、株価が「ある価格」以下であれば、株を買う義務はありません。

　ここで、「将来のある日」のことを**「取引最終日」**、「ある価格」のことを**「権利行使価格」**と呼びます。またコールの値段（ここまでの例では50円）のことを「コールの価格」とか「コールの値段」とか言わずに本書では今後**「プレミアム」**と呼ぶことにします。オプションの勉強をするときに「株の値段」や「権利行使価格」や「オプションの値段」などと「価格」に関する言葉がたくさん出てきて混乱することが多いので、ここではあえて「オプションの値段」を「プレミアム」と書いて区別したいと思います。ですからこれ以降「プレミアム」と書いてあったらそれはコールやプットの値段を指しているとお考えください。

　さて話をコールに戻します。もし、コールを使わず、株式だけで取引したとしましょう。X社の株を株価1,000円で買った時点では、この株価が1,200円に値上がりするのか、それとも800円まで値下がりするのかなど誰にもわかりません。1,200円になれば1株あたり200円の利益を得られますが、反対に800円に値下がりしたら、200円の損失が生じます。しかし、「権利行使価格＝1,000円」、「取引最終日＝来月のある日」の「コール」を1株につき50円の「プレミアム」で買っておけば、取引最終日の株価が1,200円に値上がりしたときは1株につき150円の利益が得られますし、900円に値下がりしても損失は50円に抑えられます。つまりコールとは、株を買いたい人が将来の株価という不

39

確実なものに生じるリスクを軽減するための**「保険」**とも考えられるのです。

---

**〈まとめ〉 コールとは**

　一定の代金（プレミアム）を支払っておくことで、あらかじめ決められた日（取引最終日）にあらかじめ決めた値段（権利行使価格）で株を買うことができる「権利」のこと。

**例）トヨタ株の値上がりを期待して、コールを買う**

　トヨタの権利行使価格6,000円のコールを100円で買うと、取引最終日のトヨタの株価終値が7,000円であったとしても、トヨタ株を6,000円で買うことができる（最初に100円払っているので、6,100円で買ったことと同じ）。一方、取引最終日の株価が5,000円まで値下がりしていた場合には、株を買うことなく権利を放棄する。この場合、最初に支払った100円は損失となるが、株を買う必要はないため、株価下落からの損失を負うことはない。

---

　また、コール取引のもうひとつの使い方は、保険を掛ける側でなく、保険を引き受ける側になることです。つまり「コールの売り手」になるということです。さきの説明では、あなたは「コールを買う」立場の話でした。では、反対の「コールを売る」私の立場はどうなるでしょうか。

## 株を持っていてコールを売る ＝「カバード・コール」

　コールを売る人は、取引最終日にX社の株を1,000円で売らなければ
ならないという約束を引き受けるわけですから、まずX社の株を持っ
ていなければなりません。たとえば、ずいぶん昔にX社株を1株500
円で100株買っており、1,000円なら売ってもいいと思っていたとしま
しょう。そこで権利行使価格1,000円のコールを売ると、コールの買
い手から代金（プレミアム）を得ることができます。これをさきほど
の例に沿って説明してみましょう。

　権利行使価格1,000円のX社株のコール、すなわち、X社株を「来月
の取引最終日に1,000円で買うことができる権利」が1株につき50円
（＝「プレミアム」）で100株分あなたに売ったとします。コールを買
ったあなたから私はコールの売り代金として5,000円（＝50円×100株）
受け取ることができます。

　おそらく、ここでの疑問は、「コールなんて最初から持っていない
のにどうして売ることができるのか？」ということだと思います。こ
のことは金融取引のひとつの重要なポイントですのであとで詳しくお
話しします。今はとりあえず「持っていようが持っていなかろうが売
ることができる」と考えてください。

　さてコールを売って代金を受け取るからには、将来の取引最終日に、
コールの買い手が株を買いたいといった場合には、手持ちの株を1株
1,000円で売る「義務」を私は負います。仮に、取引最終日の株価が
900円に値下がりしたとしましょう。このとき、コールの買い手であ
るあなたは、あくまで株が1,000円以上に値上がりしたときの保険と
してコールを買っていただけなので、無理に1,000円払ってまで私か
ら株を買うことはせず、コールという権利を放棄します。つまり、私

41

は 1 株1,000円で株を売れません。けれども最初に受け取った5,000円だけが私の利益として確定します。これが取引最終日の株価が権利行使価格1,000円を下回った場合の結果です。

一方、もし取引最終日にX社の株価が仮に1,200円まで値上がりした場合、コールの買い手であるあなたに株を 1 株1,000円（＝権利行使価格）で売ってほしいと言われれば、私は無条件にその要求にこたえて株を売らなければなりません。でも、取得価格500円の株をもともと1,000円で売ってもよいと思っていたからこそ私は権利行使価格1,000円のコールを売ったのです。ですから、予定どおり 1 株1,000円で売ることに何の問題もありません。

さらに、コールを売った私は、以前に500円で買った株を1,000円であなたに売って50,000円の売却益を手にしただけでなく、コールの売り代金である5,000円も受け取っているので、市場で単に1,000円で売るよりも収益は増え、利益は55,000円に増えています。

とはいうものの、1,200円に上昇しているX社の株を見ながら、「コールなんか売ったから1,200円で売れたかもしれない株を1,000円で売らなければならない」というちょっと残念な気持ちは残るでしょう。しかしこれは単なる結果論です。コールを売った時点ではX社株を1,000円で売ってもよいと考えていたはず。もしコールを売らず株を自由に処分できる状況だったら、X社の株が1,000円になった時点でさっさと市場で1,000円で売ってしまっていたに違いないからです。

コールを売らないでいて、X社の株価が1,000円より下がった場合には、株を売りそびれてもったいない気持ちになります。もしコールを売ってさえおけば、取引最終日に株価がたとえ1,000円より下がった

としてもコールの売り代金が利益として入ってきます。つまり株が値下がりしたとしても、値下がりによる損失の一部をコールの売り代金が補ってくれるので、株の下落リスクを軽減する働きもコールの売りにはあるのです。

　このように、保有している株をある値段で売ってもよいと思っているとき、売りたい値段と同じ権利行使価格のコールを売ることで、結果的にリスクを減らしつつ利益を高める戦略が「カバード・コール」です。

**例）買い持ちしているトヨタ株の収益を高めるために、コールを売る（カバード・コール）**

　6,000円で購入したトヨタ株を保有している際、権利行使価格7,000円のコールを100円で売る。

　すると、取引最終日のトヨタの株価終値が6,000円のままであったとしても、コールを売った代金100円を利益として受け取ることができる。一方、取引最終日の株価が7,000円を超え、7,050円まで値上がりしたとすると、株は7,000円で売却し、1,000円の売買益を受け取るのに加え、コールの売り代金100円を受け取るため、7,100円で株を売却したのと同じ収益を得ることができる。

# プットの取引とは

では、プットがどのようなものかをご説明いたしましょう。

## 株を持っていてプットを買う

今、あなたがY社の株を保有しているとしましょう。その株は以前に1株1,000円で購入した株です。今月中に総選挙があり、選挙で波乱がなければ株式市場も安泰ですが、政局が大きく動くと当然株価にも影響が出ます。Y社株をこのまま保有し続けたいのですが、1,000円を割りこむことだけは避けてほしいと願っている状況です。そのとき、私からあなたに次のような提案をしたら、あなたはどうしますか？

(1) 来月のある日に、Y社の株価が1,000円以下であれば、あなたは1株につき1,000円でY社の株を私に売ることができる。

(2) 来月のある日に、Y社の株価が1,000円を上回っていれば、何もしなくてよい。

あなたは私からのこの提案を受けますか？　それとも拒否しますか？　おそらく拒否はしないでしょう。この提案を受けたとしてもあなたには一銭の損もないからです。(1) の場合は、市場での株価が1,000円以下に値下がりしていても、保有株を1,000円で売ることができるので、損失を出さずにすみます。(2) の場合には株を保有し続けることができ、値上がりしたところで売却すれば利益を確定できます。このように、下落への不安がある際にこの提案を受け入れるのは、と

てもよい方法に思えます。

　コールの説明をお読みになったあなたには、もう想像はついていますね。そう、この提案タダではありません。この提案をした私にとって何ら利益がないわけですから、私は多少の「対価」をいただかなければなりません。そこで、この対価を１株につき仮に60円としてみましょう。100株であれば60円の100倍で6,000円が私に入ります。

　この提案をあなたが受けた場合、まず私に6,000円を支払い、来月の約束の日を待ち、その日に（1）の場合であれば私に１株1,000円で私に株を売りつけ、（2）の場合なら何もしません。ということはあなたの「損失」の最大額は最初に私に支払った6,000円ということになります。
　なぜなら、（1）の場合には１株1,000円で株を売れるので、株価の値下がりを心配する必要はいっさいなくなります。仮に1,000円で購入したY社の株価が400円になったら、100株で60,000円の損失（＝（400円－1,000円）×100株）が出るところを、この提案によってY社の株がいくらに値下がりしても１株1,000円で売ることができます。
　確かに最初に支払った6,000円は戻ってきませんが、株価が大きく下落したときの安心のための費用と思えば、6,000円はそう高くはないでしょう。

　一方（2）の場合には、最初に支払った6,000円はやはり戻ってきませんが、これまでどおり株を保有しつづけることができるので、株価の値上がり益を手にすることができます。

　もうお気づきとは思いますが、この商品が**プット**です。つまりプットをある値段（ここまでの例では１株につき60円）で買うと、「将来

45

のある日」において、株価が「ある価格」を下回っていたとしても、その価格で株を売ることができます。

一方「将来のある日」において、株価が「ある価格」以上であれば、株を売る必要はありません。ここで、「将来のある日」のことを「取引最終日」、「ある価格」のことを「権利行使価格」、プットの値段を「プレミアム」と呼ぶのはコールの場合と同じです。株を保有している人がその株のプットを買うことで、将来の株価という不確実なものから生じる下落リスクを軽減するための**「保険」**を手に入れることができます。

---

### 〈まとめ〉プットとは

　一定の代金（プレミアム）を支払っておくことで、あらかじめ決められた日（取引最終日）にあらかじめ決めた値段（権利行使価格）で株を売ることができる「権利」のこと。

### 例）株価下落への対策として、プットを買う

　過去に5,000円で買ったソニー株を保有している。現在株価は5,500円で含み益が出ているが、下落への懸念があったので、保険として権利行使価格5,000円のプットを150円で買っておく。
　取引最終日のソニー株が4,000円に値下がりしたとしても、1株5,000円で売ることができる。一方その後も株価が上昇していれば、権利を行使する必要はない。プットのプレミアムである150円は戻らないが、下落懸念に対処しているので、安全に投資を続けることができる。

---

46　第2章　かぶオプを始める前に押さえておくべきオプションの基礎知識

## 株を買う現金を用意してプットを売る＝ 「ターゲット・バイイング」

　あなたがY社の株を1,000円で買いたいとしましょう。普通であれば1,000円の買い指値を入れるはずですが、その代わりにY社株の権利行使価格1,000円のプットを売りましょう。するとプットの売り代金が手に入ります。その後、取引最終日にY社株1,000円を下回れば、プットが権利行使され、あなたはY社株を1株1,000円で買うことになります。これは指値1,000円でY社株を買ったことと同じ結果です。しかしプットの売り代金を受け取っていますので、指値買いに比べて株を安く買えたことになります。

　一方、取引最終日にY社株が1,000円を超えれば、あなたにY社株を1,000円で売ろうとする人はいないでしょう。ですから、この場合、株は手に入りません。しかし少なくともプットの売り代金は利益となります。実はこのように株をお得に買う手法が「ターゲット・バイイング」なのです。

---

**例）ソニー株をお得に買う目的でプットを売る（ターゲット・バイイング）**

　ソニー株を5,000円で購入するねらいで、権利行使価格5,000円のプットを150円で売る。

　取引最終日のソニー株価終値が5,200円に値上がりしていれば、株は買えないが、プットを売った代金150円を利益として受け取ることができる。一方、取引最終日の株価が5,000円を下回り、4,900円であったとすると、株を5,000円で購入できる。すでに150円受け取っているので、4,850円でソニー株を購入したことと同じ。

# オプションのプレミアム（価格）は
# こうして動く

　株式に株価があるように、オプションにも価格があります。これまでも「権利行使価格1,000円のコールが50円で取引されている」という文章が何度も出てきましたが、この「50円」が、オプションの価格になります。これを「プレミアム」と言います。プレミアムは日々刻刻と動きます。あるとき50円だったプレミアムが翌日に30円になったり75円になったりします。

　「プレミアムが何を根拠にして動くのかわからないからオプション取引は怖くて手が出せない」とおっしゃる方もいらっしゃいます。そう言いたい気持ちもわからないではありません。「なぜ権利行使価格1,000円の期近のコールが今50円で取引されているのか？」　この答え、実のところ誰も正解を持っていないからです。でも市場では50円で取引されています。そこに何とも割り切れないものを感じるのはごく自然な気持ちです。これを納得するには、オプションから少し話を広げてみるといいかもしれません。例としてトヨタ自動車（7203）の株価を見てみましょう。

　表10はトヨタ自動車（以下トヨタ）の2018年11月から半年間の月足四本値です。ここでちょっと質問です。

（1）2019年４月末にトヨタの株はなぜ7,000円近くなのか？
（2）2018年12月の高値はなぜ7,097円であり、なぜ7,099円ではないのか？

**表10** トヨタ　月足四本値（2018年11月〜2019年4月）

| | 始値 | 高値 | 安値 | 終値 |
|---|---|---|---|---|
| 2018年11月 | 6,628 | 7,034 | 6,428 | 6,803 |
| 2018年12月 | 7,000 | 7,097 | 6,045 | 6,406 |
| 2019年1月 | 6,180 | 6,905 | 6,161 | 6,675 |
| 2019年2月 | 6,642 | 6,808 | 6,430 | 6,697 |
| 2019年3月 | 6,735 | 6,761 | 6,487 | 6,487 |
| 2019年4月 | 6,571 | 7,080 | 6,557 | 6,905 |

（3）2018年12月は高値と安値の差が800円ではなく、1,052円となぜ1,000円を超えているのか？

「この3つの質問すべてに正解を出せる人、手を挙げてください」と言われたら自信をもって答えられますか？　私は遠慮させていただきます。なぜって、どの問題も、すべての投資家を納得させるだけの理由をつけて説明できそうもないからです。

　もちろんどの問題にもそれらしいごもっともな理屈をつけて「説明らしい」ものをつけることはできるでしょう。たとえば、（1）であれば「最近のトヨタの利益がこれこれだからPERから考えて……」であるとか、（3）であれば「2018年12月の市場の大幅下落の巻き添えを食らって……」とかいった具合にです。でも（2）となると誰もがもうお手上げでしょう。せいぜい「そのときの需給関係によって……」とお茶をにごす程度です。

49

「エッ、市場の専門家でも株価の動きの説明をきちんとできないの？」という質問をされたら、何の迷いもなく「ハイ」と答えます。これは誰におたずねになっても同じく「ハイ」と返ってくることでしょう。ですから、あるオプションのプレミアム（価格）が「現在50円ではなく47円である」のも同じことで、本当のことは誰にもわかってはいないのです。

　でも不思議なことに、本当にこれが正しい値段かどうか誰もわかっていないトヨタ自動車の株を、みなさん「市場価格」で売買しています。「たくさんの人が市場に参加しているのだから、そこで売買されている値段は間違いないはずだ」という考え方は正しそうに思えます。それならどうして「バブル」などということが市場ではときどき起こって大騒ぎするのでしょうか？　日経平均が38,915円87銭（1989年12月29日）の史上最高値をつけたのは1人や2人の力ではなく、「みんなでそこまで押し上げた」のです。単に参加人数が多ければ正しい、というわけでもなさそうです。

　市場価格などというものは「単に幻想だ」とまでは申しませんが、少なくとも「これが正解」などと言えるものではないことも事実です。ここまで読み進まれた投資家の方々は、とても不安になるかもしれません。でもここで書かれているようなことは、みなさんすでに心の中では漠然と感じられていたに違いありません。

　そこで、この「何ともモヤモヤした気分」を追い払うために、一歩引いて考えてみることにしましょう。つまり「正しい価格」を求めようとするのではなく、「価格の正しい変化の方向」を求めることにしましょう。たとえば、「トヨタの好決算予想が発表された」という情報で、「明日のトヨタの株価がいくらになるか？」ではなく、「明日の

トヨタの株価は上がるか下がるか？」という問題にすり替えるということです。これならかなり楽になるはずで、しかも誰でもかなり高い確率で正解を得られそうです。

「価格の正しい変化の方向」を求めるということを、オプションのプレミアムについて考えることにすれば、これは単に「現在のプレミアムをもとに、状況の変化に応じてプレミアムの上下を考えればよい」ことになります。これなら話は簡単です。もとになる現時点でのプレミアムは市場で見つけることができますし、プレミアムを上下させる理由（特性）は、次の4つしかないからです。ここでは原資産（オプションの基となる資産）としてトヨタ株を選び、そのオプションを事例として取り上げて説明しますが、他のかぶオプもみな同じです。

### 〈特性1〉 原資産の価格が上昇するとコールのプレミアムは加速をつけて上昇する

トヨタの株価が上昇するにつれ、コールのプレミアムは加速しながら上昇します。このことを、トヨタ株を1株7,000円で買うコール（権利行使価格7,000円のコール）で見てみましょう。表11をご覧ください。

**表11 原資産価格とコール・プレミアムの関係の例**

| | トヨタ株・権利行使価格7,000円コール：取引最終日まで20日 | | | | | | |
|---|---|---|---|---|---|---|---|
| トヨタ株価 | 6,700 | 6,800 | 6,900 | 7,000 | 7,100 | 7,200 | 7,300 |
| プレミアム | 12 | 28 | 56 | 98 | 157 | 230 | 315 |
| プレミアム上昇幅 | —— | +16 | +28 | +42 | +59 | +73 | +85 |

表11の二段目では、右に行くほどトヨタの株価が6,700円→6,800円→…と100円ずつ上昇しています。株価が上昇するのに合わせて三段目のコール・プレミアムは上昇しています。さらに四段目のプレミアムの上昇幅も右にいくほどだんだん大きくなっています。すなわち、株価が100円上昇するたびに、プレミアムが上昇しているだけではなく、その上昇は加速していることもわかります。

### 〈特性２〉 原資産の価格が下落するとプットのプレミアムは加速をつけて上昇する

　トヨタの株価が下落するにつれ、プットのプレミアムは加速しながら上昇します。このことを、トヨタ株を１株7,000円で売るプット（権利行使価格7,000円のプット）で見てみましょう。

　表12の二段目では、右に行くほどトヨタの株価が7,300円→7,200円→…と100円ずつ下落しています。株価が下落するに合わせて三段目のプット・プレミアムは上昇しています。さらに四段目のプレミアムの上昇幅も右にいくほどだんだん大きくなっています。すなわち、株価が100円下落するたびに、プレミアムが上昇しているだけではなく、その上昇は加速していることもわかります。

**表12**　原資産価格とプット・プレミアムの関係の例

| | トヨタ株・権利行使価格7,000円プット：取引最終日まで20日 | | | | | | |
|---|---|---|---|---|---|---|---|
| トヨタ株価 | 7,300 | 7,200 | 7,100 | 7,000 | 6,900 | 6,800 | 6,700 |
| プレミアム | 14 | 30 | 57 | 98 | 155 | 227 | 312 |
| プレミアム上昇幅 | —— | +16 | +27 | +41 | +57 | +72 | +85 |

## 〈特性3〉 オプション・プレミアムは（原資産価格が動かなくても）時間がたつと下落する

表13のトヨタのかぶオプのプレミアムを見てください。取引最終日に向け、プレミアムが下がっていくのがわかります。このように原資産価格（ここではトヨタの株価）がまったく動かなくても、取引最終日が近づくにつれてオプション・プレミアムは下落します。これはコールであろうとプットであろうと同じことで、実は「期限付きの権利（オプションもそのひとつ）」であればこの特性は必ずつきまといます。この特性のことを、オプションの**「時間的価値の減少（タイムディケイ）」**と言います。時間の進行にともなって、価格（プレミアム）がだんだんと下がっていくという意味です。

### 表13 オプションのタイムディケイの例

| | トヨタ株価＝6,900円、権利行使価格＝7,000円 | | | | | |
|---|---|---|---|---|---|---|
| 取引最終日まで | 30日 | 20日 | 12日 | 7日 | 3日 | 1日 |
| コール・プレミアム | 78 | 57 | 36 | 21 | 7 | 1 |
| プット・プレミアム | 172 | 153 | 134 | 120 | 107 | 101 |

　この理由を説明してみましょう。たとえば、現在トヨタの株価が6,700円であるときに、「明日が取引最終日となる権利行使価格7,000円のコールを買いませんか？」　と私が言ったらあなたはどうしますか？　トヨタの株価が1日で300円以上上昇する可能性は0ではありませんが、このコールを今買ったとしてもきっと明日には権利放棄することになるでしょう。私が「1円でもいいから買ってほしい」とお願いしたらどうでしょう？　もし1円払っていただけるのなら、1円がそのコールのプレミアムです。一方、現在トヨタの株価が6,700円

53

のとき、「取引最終日までまだ20日ある権利行使価格7,000円のコールを買いませんか？」と私が言ったらあなたは「そのコールを１円で売れ」とは言わないでしょう。だって20日後の取引最終日には、トヨタ株はいまより500円上昇して7,200円になっているかもしれません。そのときコールを権利行使して私から7,000円でトヨタ株を買い、市場で7,200円で売れば１株あたり200円も利益が出るわけです。そんな可能性のあるコールを私もまた１円で売るはずはありません。表11でも12円という値段が見てとれます。これが取引最終日20日前のプレミアムです。ということは同じ権利行使価格7,000円のコールのプレミアムが、取引最終日まで20日あるときは12円、取引最終日まで１日しかないときは１円になるということを示しています。

　つまり、取引最終日に近づくにつれ、権利行使したときに得られる利益がだんだんと小さくなる可能性を織り込んで、プレミアムがしだいに下がっていくのです。この**「時間的価値の減少」**という特性が、「カバード・コール」や「ターゲット・バイイング」の戦略の原理になっていることを頭の片隅に入れておいてください。

## 〈特性４〉ボラティリティが大きくなるとプレミアムは高くなる

　まずは**「ボラティリティ」**ついての説明が必要でしょう。この「ボラティリティ」という言葉ほど正しく理解されない言葉はありません。「この銘柄の株価はボラティリティが大きい」と聞くと、多くの投資家は「値動きが大きい」というぐらいにしか考えませんが、実はもう少し話は複雑です。そのあたりのことを例で説明します。ある３銘柄の５日間の終値がそれぞれ次のように動いたとしましょう。

（１）銘柄A：10,000円➡10,000円➡10,000円➡10,000円➡10,000円
（２）銘柄B：10,000円➡　8,000円➡　6,400円➡　5,120円➡　4,096円
（３）銘柄C：10,000円➡10,010円➡　9,990円➡　9,980円➡10,000円

ここで質問です。この５日間において、３銘柄で価格のボラティリティがもっとも高いものはどれでしょうか？　答えは銘柄Cです。

　もし「値動きの大きさ」という理解でボラティリティをわかったつもりでいると、さきほどの質問ではおそらく銘柄Bを答えとして選んでしまうでしょう。
　５日間で60％近くも下落している恐ろしい銘柄はさぞかし高いボラティリティを持っているだろうと考えそうですが、実は銘柄Bのボラティリティは０％なのです。みなさんの驚きの表情が想像できるのですが、これは事実です。

　銘柄Aのボラティリティが０％であるというのは正解ですし、またそれは価格の動きから直感的にわかります。でもどうして銘柄Bのボラティリティも０％なのでしょうか？
　ヒントをさしあげましょう。銘柄AとBはどこかに共通点がありませんか？　そう、もうおわかりいただけたと思います。
　もし「６日目の終値を想像してみてください」と質問されたら銘柄AもBも答えは簡単です。Aは10,000円でBは3,276.8円（＝ 4,096円の80％）と株のことを知らなくても答えられます。でも銘柄Cとなると同じ質問に答えるのはやや難しいでしょう。
　実は銘柄Cのボラティリティは2.53％であり０％より大きいのです。これからボラティリティについてわかることは、ボラティリティの大きさとは「**予想のしづらさ**」を表しているとも考えられそうです。ではさきの３銘柄にもう１銘柄、銘柄Dの値動きを追加してみましょう。

（4）**銘柄D：10,000円➡10,100円➡ 9,900円➡ 9,800円➡10,000円**

　銘柄Dの値動きの幅は銘柄Cのそれを10倍にしたものであることは

おわかりでしょう。では銘柄Dのボラティリティはいくつでしょうか？　そうです。銘柄Cのボランティリティのおよそ10倍にあたる、25.4％です。確かに、銘柄Dの株価の動きを予想しようとすれば、銘柄Cと同じような挙動をするけれど10倍の大きさで動くので、予想も10倍難しいことになりますね。

　ここまでの話でわかることはボラティリティの大きさとは、「値幅の大きさ」と言うよりは**「収益率のブレの大きさ」**と言ったほうが正しいことになります。単に「値動きの大きさ」というだけではやはり銘柄Bのそれが最大ですから、ここは正確に「収益率のブレの大きさ（＝収益の予想のしづらさ）」ということにしておきましょう。

　このようにボラティリティをとらえると、オプションのプレミアムがオプションのもととなる株（原資産）の株価のボラティリティから影響を受けることがわかります。
　そもそもオプションのプレミアムとは、取引最終日の株価と権利行使価格とを比べ、それが利益となる場合だけにもらえる収益の期待値のようなものです。オプションの買い手にとっては、取引最終日には利益しか発生せず、新たな損失は発生しません。
　言い換えれば、オプションを買うことは、取引最終日の利益を期待してその期待に対してプレミアムを払っているのです。ですから、もしボラティリティの大きな株のオプションを買うときには、取引最終日の受け取る収益を当然大きく期待するはずですから、プレミアムも高く払わざるをえなくなります。つまり、ボラティリティの高い株のオプション・プレミアムは高いのです。

　ボラティリティはオプションでは中心的な役割を果たすものです。でもオプションにかぎらず、最近では株式投資でもごく普通に使われ

るようになり、多くの投資家たちの関心事です。そのあたりのことは、第7章で紙面をさいて詳しく説明します。

　オプションのプレミアムは、〈特性1〉～〈特性4〉の組み合わせによって変動するものと考えてください。たとえばトヨタのコールを買い持ちしていて、トヨタの株価が上昇傾向をたどったとしても、取引最終日までの日数が短くなってしまうと、〈特性1〉よりも〈特性3〉の影響のほうが大きく効いてきて、プレミアムが下落してしまうかもしれません。あるいは、ある銘柄のプットを売っていたら、その銘柄が大きく下落し、さらにボラティリティも上昇し、〈特性2〉と〈特性4〉とによって大損をこうむるという悲しい話もときおり耳にします。

　これらの特性は、ときには味方になり、あるいは敵になったりもしますが、しばらくオプション取引をしていくうちに「友人」としてのお付き合いが始まります。つまり、見知らぬ人であれば、その言動は予想がつきませんが、しばらく付き合っているうちにその挙動もだんだんわかりやすくなり、予想もつくようになってくるのとまったく同じことです。

# オプション取引で
# 利益を確定させる方法は2つある

　オプション取引で利益を確定させる方法は2つあります。ひとつは取引最終日前に反対売買する方法。もうひとつは、取引最終日を待つ方法です。前者は、株式市場で安く買い、高く売るのとまったく同じです。前述したとおり、オプションのプレミアムは、その〈特性1〉～〈特性4〉にしたがって、原資産の値動きや時間の経過、ボラティリティの変化によって動きます。よって、この値動きを利用して収益を稼ぐという戦略が考えられます。

## 取引最終日前に反対売買する方法

　たとえば、ある銘柄Xのコールを買った後、Xの株価が値上がりすればそれにともなってコールのプレミアムは上昇します（〈特性1〉）。もちろん、このまま取引最終日まで持ち続け、取引最終日を迎えたところで権利行使するか、権利放棄となるかを楽しむのもありです。

　しかし銘柄Xの価格が上昇し、コールのプレミアムが値上がりしているのであれば、コールを反対売買（この場合は他の投資家に転売）することで、プレミアムの値上がり益を確定させることもできます。投資している株式の株価が値上がりしたから、その銘柄を買いたがっている他の投資家に売却するのと同じことです。ある程度、自分の相場観を活かしつつ、**「安く買って高く売る」**ことは、いかなる場合にも、どんな商品でも利益を確定させます。

58　**第 2 章**　かぶオプを始める前に押さえておくべきオプションの基礎知識

ただ、取引最終日前に反対売買をする取引をする場合、ひとつだけ重要な注意点があります。それは、「オプションを単独で売るという戦略」の危険性についてです。そこの根底には、オプション・プレミアムの値動きの大きさがあります。

　例を挙げてみましょう。約230銘柄あるかぶオプの銘柄の中で、もっともボラティリティが高い銘柄のひとつであるソフトバンクグループのプレミアムの動きを見てみましょう。ここで取り上げるのは、2019年1月限のプットで、権利行使価格が8,000円のものです。

　2018年12月5日のソフトバンクグループ株価は9,593円で、このとき、2019年1月限の権利行使価格8,000円のプット・プレミアムは135.5円でした。ソフトバンクグループ株の売買単位は100株なので、このプット1単位の売買代金はプレミアムを100倍して、

**135.5円×100＝13,550円**

となります。このプットを買うのなら問題はありません。また、これを「ターゲット・バイイング」として売るのも大丈夫です。しかしプットだけを単独で売るととんでもないことになります。クリスマス後の12月26日、同社株価は6,947円に下落、それにともない、同プットのプレミアムは1,125円に跳ね上がります。もしここでこのプットを買い戻す（反対売買）としたら、買戻しに必要な資金は、

**1,125円×100＝112,500円**

となり、損失額は－98,950円（＝13,550円－112,500円）です。これはプット1単位を売っていた場合の計算です。もし、10単位、あるいは100単位売っていたらどうなるでしょうか？　あまり経験したくな

い状況ですね。

「カバード・コール」や「ターゲット・バイイング」でオプションを
売る場合と異なり、オプションを単独で売るには**「証拠金」**（損失し
た場合に備えた一種の担保）を積まなければ取引を受け付けてもらえ
ません。したがってこの損失は証拠金で一部はまかなえるでしょうが、
それだけでは足らなくなるはずです。これは、いわゆる「オプション
の単独売りは怖い、絶対にやらないほうがよい」と言われる典型的な
例となっています。それでも、これはまだまだマシなほうです。とき
には損失額がオプションを売った代金の100倍を超えることだってあ
るのです。

　一般論として、株の「空売り」は危険です。どうしてかというと、
株価には天井がないからです。１株10,000円の株を100株空売りし、
その後にその株が１株30,000円になれば損失額は200万円です。株価
が数日で３倍になるなんてことは起こりませんが、オプションなら翌
日にプレミアムが10倍になることはよくあることですし、数日あれば
100倍になることだってそうまれなことではありません。オプション
の単独売りは「持っていない物」を売るのですから、株の「空売り」
と同じことなのです。しかもはるかに危険性の高いものです。

　では「カバード・コール」や「ターゲット・バイイング」でオプシ
ョンを売るのはどうでしょうか。オプションの売りであることには違
いありませんから、危険な戦略ではないのでしょうか？　この答えは
当然のことながら、**「大丈夫です、心配はありません」**となります。
　その理由は、「カバード・コール」や「ターゲット・バイイング」
で売るオプションは、オプションの単独売りにはならないためです。
「カバード・コール」でコールを売るときには取引最終日で権利行使

されて売るのに必要な「株」を担保として預けてありますし、プット
を売って「ターゲット・バイイング」をするときには取引最終日で株
を買うのに十分な現金を担保として預けているからです。

## 取引最終日を待つ方法

　さて、もうひとつのかぶオプ売買での利益確定方法は、購入したか
ぶオプを転売せず、最終取引日までポジションを保有して、権利行使
か権利放棄のいずれかになるのを待つというものです。かぶオプは、
取引最終日まで反対売買しなれば、取引最終日に確定される価格でも
って自動的に、権利行使か、権利放棄かのいずれかに決まります。

　かぶオプを買い持ちにしているときに、権利行使できれば利益が得
られますし、権利放棄になったら、プレミアム分だけが損失になりま
す。「カバード・コール」や「ターゲット・バイイング」は、これら
のルールをうまく使った戦略になっています。

61

# オプション・プレミアムは
# 「本質的価値」と「時間的価値」に
# 分解できる

　ここまでオプション・プレミアムが持つ特性についていろいろと説明しましたが、もう一度まとめると以下のようになります。

〈**特性１**〉**原資産の価格が上昇するとコールのプレミアムは加速をつ**
　　　　**けて上昇する**

〈**特性２**〉**原資産の価格が下落するとプットのプレミアムは加速をつ**
　　　　**けて上昇する**

〈**特性３**〉**オプション・プレミアムは（原資産価格が動かなくても）**
　　　　**時間がたつと下落する**

〈**特性４**〉**ボラティリティが大きくなるとプレミアムは高くなる**

　これらの特性を図で見てみましょう。まずはコールについてです。図14をご覧ください。

　オプションのことを少し勉強しようとすると、この図に必ず出会うはずです。この図は何度か見ているうちにだんだんありがたみがわかってくる**「不思議な図」**なのですが、まず図の解説からいきましょう。

　最初に図14の「建付け」を見てみましょう。横軸にあたるものは「原資産の価格」になります。トヨタのかぶオプについて考えているのであれば、横軸はトヨタの株価を表し、右にいくほど株価は高くなって

62　**第 2 章**　かぶオプを始める前に押さえておくべきオプションの基礎知識

### 図14 コール・プレミアムの分解

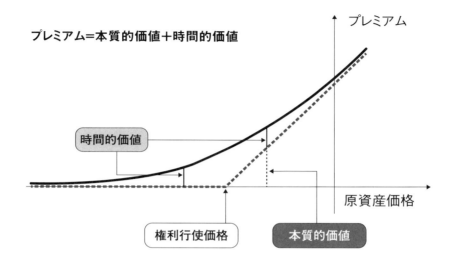

　います。縦軸は「オプション・プレミアム」を表しており、上にいくほど高いプレミアムを示します。

　次に破線の太い折れ線に注目してください。左からしばらくは横軸の上に重なっていて、あるところから右斜め45度の角度で上昇しているのがわかりますね。この右上に上昇し始めるポイントが「権利行使価格」となっているのを見過ごしてはなりません。

　最後に残るのが、右上がりの曲線です。ご想像のとおり、これがコールのプレミアムを表しています。この曲線は常に破線の折れ線の上にあって、権利行使価格のあたりでは折れ線からかなり離れますが、左右に行くにしたがって折れ線に接近していきます。

　先ほど掲げたプレミアムの〈特性１〉がすでに「見えて」います。

まず曲線は横軸に沿って常に右上がりです。しかも、一定に昇っていく破線より上にあるので、曲線は加速しながら上昇していくことも見てとれます。それらの様子を言葉にしたのが〈特性1〉です。

　さて、この破線の太い折れ線は何を表しているのか、疑問に思いませんか？　これはオプションの持つ「**本質的価値**」というものを表しています。では「本質的価値」とはいったい何のことなのでしょうか。直感的に言えば、「今この瞬間にオプションを権利行使したとしたら、いくらの利益が出るか」ということになります。わが国の取引所で扱われているオプションは取引最終日にしか権利行使できない「**ヨーロピアン**」と呼ばれるタイプなので、「今この瞬間にオプションを権利行使すること」はできませんが、仮に行使したとしての話です。
　ちなみに米国で取引されているオプションは取引最終日までのいつでも権利行使できるタイプで、名前はご想像どおりの「**アメリカン**」です。

「本質的価値」についてもう一歩迫りましょう。もし、株価が権利行使価格より低いときに「権利行使してもいいよ」と言われたとして、コールを権利行使するでしょうか？
　きっとしないと思います。市場の株価が権利行使価格より安いのだから市場で買えばよく、わざわざ市場価格より高い値段の権利行使価格で株を買う必要などないからです。ということは株価が権利行使価格より低いときはコールの「本質的価値」は0です。だから破線の折れ線は権利行使価格に到達するまで横軸上（ここは縦軸からみれば0を表す）に寝そべっています。

　だからと言って、コールの価値が0というわけではないことにも注意してください。今この瞬間に権利行使したら何の意味もないとして

も、まだ取引最終日まで間があるのなら、その間に株価が権利行使価格より高くなる可能性は残っています。そうなれば取引最終日にはコールは利益をもたらしてくれますから、コールのプレミアムは0にはならないのです。「本質的価値」が0であってもコールのプレミアムは0ではないとしたら、プレミアムには何が残っているのでしょう?

　もうお気づきのように、それがプレミアムの〈特性3〉で出てきた**「時間的価値」**です。取引最終日までまだ時間があるかぎり「時間的価値」は0より大きいわけです。でも取引最終日が終わるときにはもう残された時間はありませんから、「時間的価値」は0となって役目を終えます。株価が権利行使価格より低いときには「本質的価値」は0ですが、まだ「時間的価値」が残っています。この状態のことを「アウト・オブ・ザ・マネー(Out of The Money)」と言い、OTMと表します。
　つまりコールについては、株価(原資産価格)が権利行使価格より低い状態のことをOTMと呼ぶのです。

　では、今度は株価が権利行使価格より高いときはどうなのでしょうか。この場合の「本質的価値」はどうやって計算されるのでしょうか。
　トヨタのコールを持っていて、トヨタの株価が7,000円、権利行使価格が6,500円であるとします。株価が権利行使価格より高い状況ですが、もしこのとき「権利行使してもいいよ」と言われ権利行使したと、するとその瞬間いくらの利益が出るかです。コールを権利行使して株を手に入れる値段は6,500円です。権利行使するのと同時に市場価格の7,000円で株を市場で売ってしまえば、その差額の500円(＝7,000円－6,500円)は確定できます。これが「本質的価値」ですね。

　つまり、「本質的価値」はこの場合(株の市場価格が権利行使価格

65

より高い)、株の市場価格と権利行使価格との差になります。この状態を「イン・ザ・マネー (In The Money)」と言い、ITMと表します。コールについては、株価(原資産価格)が権利行使価格より高い状態のことをITMと呼ぶのです。この場合でも「時間的価値」はちゃんとあります。

このトヨタの例で考えてもわかるとおり、まだ取引最終日まで残っている時間があれば、トヨタの株価が8,000円や9,000円に上昇して現時点より多くの利益をコールがもたらしてくれる可能性があるので、その可能性を値段に換算した「時間的価値」は０ではありません。

以上でコール・プレミアムについての「本質的価値」と「時間的価値」の説明は終わりです。式にまとめると、

**オプション・プレミアム ＝ 本質的価値＋時間的価値**

**図15** プット・プレミアムの分解

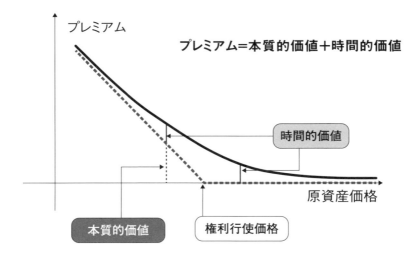

と表すことができます。これはプット・プレミアムでも同じことです。ちなみにプットについての〈特性２〉を示す図15を描いておきます。この図をながめながら、コールの場合と同じように「本質的価値」や「時間的価値」を考えてみると、ここまでの復習として最適です。

「アット・ザ・マネー（At The Money)」という言葉の説明を忘れるところでした。これは株価が権利行使価格と同じ（あるいはほぼ同じ）場合のオプションを言います。これらは、よく省略されて、講習会などでは「アットのコール」とか「アウトのプット」と言われることもありますので、図14や図15を覚えておいて、これでイメージして考えると話に後れを取りません。

# 戦略は継続することで「磨かれる」

「カバード・コール」や「ターゲット・バイイング」は株をお得に売買することが目的ですから、売ったコールやプットが権利行使されて完結します。ということは、かぶオプの買い手が権利行使してくれないかぎり、あなたは手持ちの株を売れない、または株を買えないことになります。つまり「イン・ザ・マネー」の状態で取引最終日の引けを迎えないと株の売買はできません。

しかし仮に「アウト・オブ・ザ・マネー」で決済を迎えたとしても、オプションの売り代金は入ってきますから、結果として何もしないでただ株価の動きに願いを掛けているよりはずっとよいことです。

というわけで、権利行使されない間は「カバード・コール」や「ターゲット・バイイング」をずっと継続することになります。この場合、「ある期間かぶオプを売らないことがあってもよいのか」というご質問をいただくことがあります。これについての回答は**「あなたのお好きなように楽しんでください」**となります。かぶオプの取引には、「こうでなければいけない」とか「こうやるべきだ」といった「鉄則」があるわけではないので、要はご自身の納得がいくようにいろいろと試してみることも大事です。

本書の第4章では「権利行使価格」を変えてみるとか、「カバード・コール」を継続せずに通常の「指値売り」に変えて株を売ってしまうなどという例をご紹介しますので参考にしていただければと思います。

投資戦略というものは1回や2回やったところで大したことはわかりません。しばらくの間続けていかないとなかなか深いところまでの経験も積めませんし、上手にもなれないものです。投資家の方々の中には、常に良い戦略を求めて目先をどんどん変えて挑戦していく方も多いのですが、そう簡単に**「利益を継続的に出すレベル」**にまでは到達できるものではありません。

　やはり、長い期間継続しないとさまざまな状況に対処できる技術や経験は身につきません。誰よりも長く同じ戦略を続けている投資家は、それだけでその戦略に関しては他の投資家よりもずっと優れているはずです。上手な投資家の多くは「これだったら並みの人には負けない」という戦略を長期間継続しており、たまに相場に合わせて目先を変えた取引には小さく挑戦するタイプです。ウォーレン・バフェット氏がその典型例でしょう。

　「カバード・コール」や「ターゲット・バイイング」を用いて、安定的に年率10%の利益を上げることは難しいことではないでしょう。もしこれを7年間継続すれば資産は2倍になります。ということは、35年間継続できたら資産は32倍（＝$2^5$）ということになります。もちろん机上の計算ですから、このとおりにはいきません。35年の間には大規模な市場暴落が一度や二度あるでしょうし、保有している株の企業が倒産するかもしれません。百歩譲って、35年で10倍ということにしましょう。「カバード・コール」や「ターゲット・バイイング」は毎月の利益はそれほど大きくありませんが、継続すれば、このように安定的に資産を増やすことが可能になります。株式投資を単なるギャンブルに終わらせず、資産を増やす手段とするうえで、かぶオプは大変有効だといえるでしょう。

また、さらに言えば、単に資産を増やすことだけに目を向けるのではなく、投資を継続していく中での大きな損失を避けることも大切です。実は、市場の大暴落などといった一種の「災害」に近いことは、「運用技術」を少し身につけさえすれば、被害の大部分を避けることもできます。それには多少の勉強と経験は必要とはなりますが、かぶオプと同様、誰でもやればできるという方法です。市場下落への対処法については、第7章をご参照ください。

# 「カバード・コール」や「ターゲット・バイイング」のリスクとその対処法

　「カバード・コール」や「ターゲット・バイイング」はかぶオプを使わない通常の現物株取引に比べれば、「コール売り」や「プット売り」がリスクを小さくするのでより安全になります。とはいえ、「カバード・コール」や「ターゲット・バイイング」という仕組みから発生するリスクもあり、それらについて解説しないのは解説書としては片手落ちです。しかしながら、これらのリスクが、投資活動を継続できないほどの致命的な損失に発展することはありませんので、ご安心ください。それらリスクを列挙してみましょう。

**（1）「カバード・コール」で権利行使されて株を売ったが、もっと高い市場価格で売るチャンスがあった。**

**（2）「ターゲット・バイイング」で権利行使されて株を買ったが、もっと安い市場価格で買うチャンスがあった。**

70　第2章　かぶオプを始める前に押さえておくべきオプションの基礎知識

(3)「カバード・コール」で取引最終日までの間に株価が「権利行
　　使価格」を超えたのに、取引最終日には「権利行使価格」より
　　株価が下がり、結局、株は売れなかった。
(4)「ターゲット・バイイング」で取引最終日までの間に株価が「権
　　利行使価格」を下回ったのに、取引最終日には「権利行使価格」
　　より株価が上がり、結局、株は買えなかった。

　これらは取引最終日に権利行使によって株の売買が行われるという
ルールから生じる問題で、「機会損失」に属することです。正直なと
ころ、これらを「（真の）リスク」と呼んでいいのかどうかは疑問な
のですが、実際に体験すると気分がよくない（そんな程度の「リスク」
です）ので、体験前の「心の準備」のために記しておきます。

　では、この（1）〜（4）を体験したくなければ、どうしたらよいの
でしょうか。いずれの場合も権利行使価格で売買するよりも、もっと
有利な状況があった（それが取引最終日の前か後かは別として）とい
うことです。ということは、その状況が発生したときに「その時点で
適切な判断によって正確に売買できる」ことが前提として必要です。
　具体的に言えば、市場をずっと見ていられて、最適なタイミングが
きたらそれを逃さずに正しく（後で後悔しないように）行動する、と
いうことが実現できなければ不可能です。
　つまり、市場が開いている間は、自分の時間のかなりを市場参加に
費やし他のことはできるだけしない、ということが最低限要求されて
いることは明らかです。これは投資を本業にできる人以外には不可能
でしょう。

　そもそもかぶオプなど使わない取引でも、株が買った値段より値下
がりしたり、売った値段よりも値上がりして悔しい思いをすることは

よくあることです。ですから、これら（1）〜（4）は神様でもないかぎり避けることはできないと思っています。

　一方、「カバード・コール」や「ターゲット・バイイング」の優れている点のひとつに、極端なことを言えば、「一度コールやプットを売れば、取引最終日まで何もしないでよい」ということがあります。これによって、市場での稼ぎは「カバード・コール」や「ターゲット・バイイング」に任せて、本業に励み投資の原資を稼ぐ、とか、好きな習い事に通ったりといった時間の使い方も可能になります。

# 「持ってもいない」ものを
# 売ることができるのか？

　さきほどコールの売りについての説明で、**「持っていないコールを売ることができるのか？」**という根源的な質問が残っていました。これは投資知識を一段高める重要な点ですので、少し長くなりますが、お付き合いください。もし読むのが面倒でしたら、「金融の世界では持っていないものでも売ることができる」と自分に言い聞かせて、読み飛ばしていただいてもかまいません。

　金融取引はモノの売買とは違い、自分がそれを実際に「持って」いなくても、「売る」ことができます。たとえば株の空売りは売る本人が「株」を保有していなくても可能ですし、オプション取引などでは売りたいオプションを保有していようが保有していまいが売ることが可能です。つまりまったく何も持っていなくても「売り」という行為ができるのです。これはいったいどういうことなのでしょう。こんな

説明ではいかがでしょうか？

　あるレストランは「安くてうまい」で有名、店の前はお客さんの長蛇の列、いつもかなり待つことになります。当然予約もなかなか取ることができません。一方、レストラン側も問題をかかえていました。予約を受けてもそのお客さんが来店しないことがあるのです。その場合、店が混んでいるのに席を空けておかなければならないので、とても無駄になります。そんな悩みを多少解決する方法をレストランの店長が考えました。「予約の有料化」です。つまり予約するためには人数、時刻などに応じて「予約料」をとることにしたのです。今どきのことですから、クレジットカードなどで予約時にあらかじめ「予約料」を払う仕組みが可能でしょう。お客さんが当日開店時刻までにキャンセルすれば「予約料」は戻りますが、それ以外は「予約料」が払い戻されることはありません。また、予約時刻から30分以内に来店しなければ予約は取り消され、「予約料」も戻りません。

　そもそも予約というものは何かの「物」ではなく、ただ座席を一定時間確保できるという「権利」です。どんなに店が混んでいても席が確保されるのですから、これがタダで手に入ると考えるのは少し虫がよすぎます。店の前に並べば何時間待つかもしれない、つまり大事な時間を無駄にする恐れがあるのですが、それを「予約料」を払うことで回避できるのです。
　しかも急な用事ができて直前に行けなくなっても、「予約料」をあきらめればよいだけのことです。つまり損失はかぎられています。

　この話、「予約料」を「プレミアム」に置き換えれば「席を確保する権利（＝予約）」と「株をある値段で買うことができる権利（＝コール）」が同じようなものであることにお気づきでしょう。実際こう

73

いった**「権利」**は目に見える「物」とは違い、その「権利」を行使したときに初めて実態が現れ、利益や利便性が手に入るのです。店の予約もレストランは「予約料」を支払ったお客様に「席を売った」わけではありません。「席をある時間使うことができる権利を売った」にすぎません。そんな「権利」はレストランが最初から持っていたわけではありませんから、レストランは「持っていない」ものを売りに出したことになります。この「予約」のようにそれ自体は単なる「権利」にすぎないものを、それを買う側のお客さんと売る側のレストランとの間で了解し、「予約料」が受け渡されることで「権利」の売買が成立します。「オプション」の売買もこういうものとほぼ同じで、まったく何も持っていなくても「売り」が可能になるのです。

# かぶオプの実践知識

# 取引を始める前に

　かぶオプを始めるためには、まずかぶオプが取引できる証券会社に
口座を開く必要があります。その場合、株式の総合口座だけではなく
「先物・オプション口座」と呼ばれる口座を開設する必要があります。

　2019年7月現在、インターネットでかぶオプが取引できる証券会社
は「光世証券」と「インタラクティブ・ブローカーズ証券」の2社で
す。今後、ネットでかぶオプ取引ができる証券会社は増えてくると思
われますので、かぶオプの取引ができる証券会社の最新情報を下記の
日本取引所グループホームページの「有価証券オプション取引」のペー
ジで確認することをおすすめします。(https://www.jpx.co.jp/derivatives/
securities-firms/securities-options/index.html)

　ネット取引ではなく、対面取引であればかぶオプの取り扱いがある
証券会社は先の2社だけではなくいくつかありますので、対面取引を
ご希望の方は、担当者の方にかぶオプが取引できるかどうか、おたず
ねください。

　口座開設の手順は、証券会社ごとに異なりますので、詳しくは各証
券会社のホームページや電話でご確認ください。基本的には株式の口
座開設と同じように、本人確認書類等を添えて必要事項を記入して口
座申込を行います。申し込みから口座開設までには日数を要すること
もあります。ですから今すぐ取引する予定がない方であっても、いざ
取引を行いたいときにすぐに実践できるよう、前もって口座開設をし
ておくことをおすすめします。

# 「かぶオプ」はいくらから取引できる？

　実際にかぶオプを使った取引を始めるために、どの程度の資金が必要でしょうか。かぶオプを「買う」のであれば、買い代金と手数料分が口座にあれば十分です。このことは通常の株取引となんら変わりはありません。「カバード・コール」や「ターゲット・バイイング」を行う場合は少し異なります。「カバード・コール」であれば、かぶオプ対象となっている株やETF、REITをすでに保有してさえいれば、追加のお金は不要です。

　たとえばTOPIX連動型上場投資信託（1306）というETFの銘柄はかぶオプ対象銘柄です。2019年7月現在の株価は1,600円程度で、10株単位から取引が可能です。つまり、最低単位だけこのETFを保有するのにかかるお金は16,000円です。16,000円分のETFを保有していればこの銘柄の「カバード・コール」も可能になります。対象となる銘柄を保有していなければ、「カバード・コール」はできないことを忘れないでください。

　もし、ある証券会社で保有している銘柄がかぶオプ銘柄で、それを使って「カバード・コール」をしたいと思ったところ、その証券会社ではかぶオプの扱いがないこともあります。その場合には対象となる保有銘柄を、かぶオプができる別の証券会社に「移管」し、移管先の証券会社で「カバード・コール」をすればよいのです。

　一方、「ターゲット・バイイング」を行う場合に必要なものは、株を買う代金です。「ターゲット・バイイング」とは、株を有利に指値

で買う戦略ですので、対象の株を買いたい値段で買いたい数量買うだけの代金を用意しておきましょう。

たとえば、株価5,000円の株を100株買いたいと思って、「ターゲット・バイイング」をするのであれば、株の買い代金として、

**5,000円×100株＝500,000円**

が口座に必要とされる資金です。

ここで、信用取引やオプション売買の経験のある方は、証拠金が必要となるのではないかと気になることでしょう。証拠金とは、先物取引や信用取引、FX（外国為替証拠金取引）などを行う際に必要となる一定額の担保のことです。

一般的にはオプションを売る場合、証拠金を差し入れることを要求されますが、「カバード・コール」や「ターゲット・バイイング」を行うにあたっては、かぶオプというオプションを売るにもかかわらず証拠金は不要です。なぜなら証拠金とは、取引で損失が生じた場合にその分を支払うためにあらかじめ預けておくお金です。

しかし「カバード・コール」や「ターゲット・バイイング」をするにあたって、さきほど述べた対象銘柄を保有していたり、株の買い付けに必要な現金が証券会社の口座にあれば取引最終日の決済には困らないので、証拠金を預ける必要がないのです。

ただし、これは当然のことですが、「カバード・コール」をしている間は、対象の株を売却することはできません。「ターゲット・バイイング」の場合も同様で、「ターゲット・バイイング」をしている間は株の買い代金を口座から引き出すことはできません。

# かぶオプ取引の銘柄の選び方

　かぶオプを取引するには、二段階で銘柄を決めることになります。まずは、取引する株式の銘柄を選びます。続いて、選んだ株式について、どのようなかぶオプを売買するのか、かぶオプの権利行使価格と限月（取引最終日のある月）を選ぶ必要があります。

　まず株式から選びましょう。かぶオプ売買を目指すのなら、主に次の3つの観点から選ぶことができます。

**（1）かぶオプ対象銘柄の中から選ぶ**
**（2）値動きに特徴のある銘柄を選ぶ**
**（3）ボラティリティが高い銘柄を選ぶ**

**（1）かぶオプ対象銘柄の中から選ぶ**
　まずは、かぶオプ対象銘柄であることが必須条件です。2019年7月時点では付録に掲載されている229銘柄が対象となっています（最新の銘柄一覧は取引所のホームページを確認してください）。現在すでに保有している株が、かぶオプ対象であれば、その株を使って「カバード・コール」をすることができます。もし「カバード・コール」をしたくても、対象の株を持っていない場合は、まずその対象の株を買ってから「カバード・コール」を始めましょう。かぶオプ対象銘柄の中に、過去に取引をしたことがある、なじみの銘柄があれば、その銘柄を選ぶのも一案です。よくご存じの銘柄であれば、過去の高値や安値、値動きが記憶にあるので、かぶオプを取引する際にもとても有利に役立ちます。

## (2) 値動きに特徴のある銘柄を選ぶ

「カバード・コール」をする場合、どのあたりの株価を売り目標にすればよいのか。あるいは「ターゲット・バイイング」する場合、どのあたりの株価であれば買えそうか。これらを考える際、いわゆるレンジ内で動く銘柄は目標を決めやすいと考えられます。このような銘柄は「カバード・コール」や「ターゲット・バイイング」のひとつのねらい目といえます。

かぶオプ取引のひとつの手法として、株を買わずに「ターゲット・バイイング」で権利放棄されつづけるという方法があります。つまり、株価の下値よりもさらに低い権利行使価格のプットを毎月売り続ける方法です。そうすれば、いつまでたっても株を買うことはなく、毎月プットの代金だけを受け取ることができます。資金を現金のまま株にしていないので、株価の値下がりのリスクを負うこともなく、現金収入だけを手にすることができます。

もちろん時には株価が思ったよりも値下がりし、株が買えてしまうこともあります。株が買えてしまった場合は「カバード・コール」に切り替えればよいのです。

## (3) ボラティリティが高い銘柄を選ぶ

より高くかぶオプが売れる銘柄を選ぶことが、利益向上のコツといえます。かぶオプの値段というのは、ボラティリティが高くなると値段が高くなるという性格があります。ですから、ボラティリティが高い銘柄を選ぶということです。

ボラティリティとは簡単に言うと、「収益の予想のしづらさ」や「収益率の変動の大きさ」を表す数字です。IV（インプライド・ボラティリティ）という数字で表示されています。銘柄ごとIVは後述する「かぶオプチャート」というサイトで調べることができます。

どの銘柄でかぶオプ取引をするかが決まったら、続いてかぶオプそのものの銘柄を選びます。かぶオプの銘柄は以下の３つを決めることになります。

**(1) コール／プット**
**(2) 限月（げんげつ）**
**(3) 権利行使価格**

**(1) コール／プット**
「カバード・コール」の場合はコール、「ターゲット・バイイング」の場合はプットを選びます。

**(2) 限月**
　いつが取引最終日のかぶオプを取引するかということです。これは基本的には直近の取引最終日の限月だと思ってください。だいたい翌月のものと思っていただければ大丈夫です。今が５月なら６月に取引最終日を迎える６月限、６月なら７月限です。ただし、取引最終日まで１週間を切ったら、次の限月を検討しましょう。
　ちなみに取引最終日は毎月の第２金曜日の前日です（それが第２木曜日とはかぎりませんので、ご注意を！）。

**(3) 権利行使価格**
　権利行使価格を決めるのにあたっては、絶対的な方法があるわけではありませんが、大まかな目安はあります。「カバード・コール」は、お得な指値売りですから、保有株の売り指値をいくらにするのかと考えていただければ、それが権利行使価格です。もちろん売りたい値段とピッタリ一致する権利行使価格がない場合もあります。そのときは売りたい値段に近い権利行使価格を選ぶしかありません。株の売り値

81

を決める際、株をいくらで買ったかによって、この値段以下では売りたくないという値段があるはずですので、その値段より低い権利行使価格を選ぶ必要はありません。たとえば1,000円で買った株があるとき、1,000円以下では売りたくないと思うのであれば、1,000円以下の権利行使価格を選ぶことはありません。また、今の値段（現値）より安い値段で売りたいとは思わないでしょうから、権利行使価格も現値より低いものを選ぶことは基本的にはありません。

　では、現値より高いところで売り指値を決めようとするとき、どのように考えればよいのでしょうか。次のような方法はいかがでしょう。直近の限月のコールを売って「カバード・コール」をする場合、取引最終日までは約１か月あるので、１か月でどのぐらい程度株価が動くかを考えるのです。現値から10％ぐらい値上がりしたところを目安として考えておけばよいでしょう。今の株価が1,000円の株で「カバード・コール」をする場合、1,000円の10％増しは1,100円ですから、権利行使価格は1,050円か1,100円を選ぶというのがひとつの方法です。

　また、権利行使価格は毎月同じものを選ぶ必要はありません。「カバード・コール」を継続しているうちに株価が上がってきた場合、先月と同じ値段を売り目標にする必要はありませんし、多少値上げしたとしても悪いことではありません。むしろ株を長期で持ちたいと思っている場合であれば、権利行使価格を一定にしていると株が早々に売れてしまうことにもなりかねません。株価の上下に合わせて権利行使価格は調整しましょう。「ターゲット・バイイング」の場合も株をいくらなら買いたいのか、買い指値を考えるのと同様に権利行使価格を選びましょう。現値よりも10％ぐらい安い値段の権利行使価格がひとつの目安となり、「カバード・コール」の場合と同様に権利行使価格も固定する必要はありません。

# かぶオプの取引価格（プレミアム）を決める

　かぶオプの銘柄が決まったら、いよいよ注文を出すことになります。実際に取引する際には、いくらでコールやプットを売ることができるのか、取引値段を把握しておきたいところです。株式を売買する際も、今の株価がいくらなのかを確認してから注文を出すのが普通でしょう。しかし、かぶオプの場合、リアルタイムで現在のプレミアムがいくらなのかを把握するには、証券会社で口座開設をしてツールを使うしか方法がありません。また、銘柄によってはその日に約定がなく、直近の取引値段がわからない銘柄もたくさんあります。そのような場合、リアルタイムの値段を確認する術がありません。ここが少し残念なところです。

　「今の価格がわからないのに、どうやって注文を出せばいいの？」という質問はごもっともです。ちなみにかぶオプの取引には、「成行」は使いません。あくまでも「指値」が基本です。このことはかぶオプにかぎらず、日経225オプションなどでも同様です。価格が大きく動きやすい成行注文はオプション市場ではよほどのことがないかぎり使われません。したがって、かぶオプの売値を決めることが重要なポイントとなります。そこで、かぶオプの売値を決める簡便な方法をご説明します。厳密な計算に基づくものではありませんが、十分に実用には耐えうると思います。

　かぶオプの発注値段を決めるうえで覚えておいていただきたいかぶ

オプの値動きの特性があります。それは、次の4つです（詳しくは第2章参照のこと）。

〈特性1〉 原資産の価格が上昇するとコールのプレミアムは加速をつけて上昇する
〈特性2〉 原資産の価格が下落するとプットのプレミアムは加速をつけて上昇する
〈特性3〉 オプション・プレミアムは時間がたつと下落する
〈特性4〉 ボラティリティが大きくなるとプレミアムは高くなる

　これら4つの値動きの特性を使うことで、かぶオプの発注値段をある程度決めることができます。そのために、まずは前日の終値を日本取引所グループのホームページで調べましょう。

【日本取引所グループ】
　日本取引所グループのホームページ（https://www.jpx.co.jp/）の画面右側にある「オプション価格情報」をクリックしてください（図16）。

**図16　日本取引所グループホームページ**

最初に「日経225オプション」の価格情報ページが起動するので、上部タブで「有価証券オプション」を選択します。すると、かぶオプ対象銘柄の一覧が表示されます（図17）。

### 図17　有価証券オプション銘柄一覧ページ

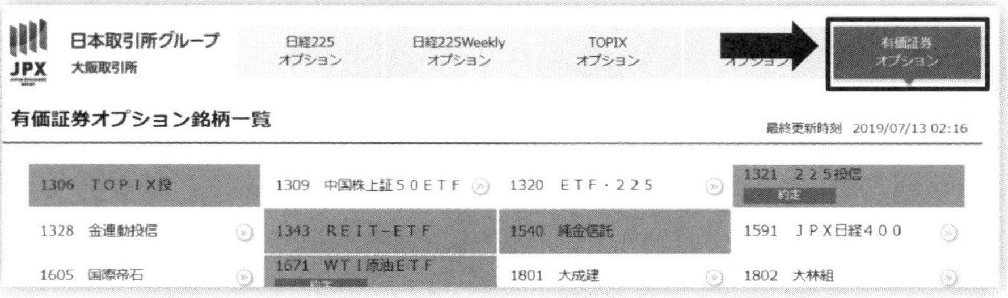

　ここで、実際に値段を知りたい銘柄をクリックしてみましょう。たとえばファナック（6954）を選択します。すると、ファナックの直近限月（もっとも近い取引最終日）の価格情報が表示されます（図18）。

### 図18　ファナック　オプション価格情報ページ

図18は2019年３月17日（日）時点でのファナックのかぶオプの情報を表しています。清算値の列には、前立会日、すなわち2019年３月15日（金）の引け時点での参考価格が表示されています。たとえば４月限権利行使価格19,000円のコールの清算値段は383円です。つまり、ファナック株を保有しており、19,000円を売り目標にした「カバード・コール」を実践しようとすると、前日引け時点であれば１株につき383円でコールを売れたと考えることができます。

　では、週明け2019年３月18日（月）に「カバード・コール」をしたい場合、いくらでコールを売ればよいのでしょうか。ここで使うのが先ほどの「**〈特性３〉オプション・プレミアムは時間がたつと下落する**」という考え方です。もし仮に週明け2019年３月18日（月）にファナックの株価が、３月15日（金）の引けと同じ値段であれば、コールのプレミアムは383円より値下がりしていると考えるのが自然です。では380円なのか、370円なのか、いったいいくらが妥当なのでしょうか。

　ここからはあくまで便宜的な方法になります。まず取引最終日までの残りの日数でオプションのプレミアムを割り算してみましょう。このコールの取引最終日は４月11日なので、３月15日から数えて残りの日数は27日です。383円を残りの日数27日で割り算すると14円です。
　つまり、もし毎日同じだけ値下がりするならば、１日につきおよそ14円ずつ値下がりすると考えることができます。３月15日（金）に383円だったコールは、３日後の３月18日（月）には14円の３倍の42円下がった、およそ340円になっていると考えることができます。

　しかし、この計算はあくまでファナックの株価が前日引けから変化していないことを前提にしています。実際には株価は１日のうちでも上がったり下がったりしますので、それを考慮する必要があります。

たとえば３月18日時点で、ファナックの株価が３月15日の引け時点よりも仮に300円ほど値上がりしているとしてみましょう。最初にご説明した「〈**特性１**〉**原資産の価格が上昇するとコールのプレミアムは加速をつけて上昇する**」を思い出しましょう。ファナックの株価が上がっているのであれば、ファナックのコールのプレミアムも値上がりするはずです。

　ではどの程度値上がりするのかというと、株価が300円値上がりしても、コールの値上がりはせいぜいその３割から５割といったところでしょう。ですから、300円の５割は150円ですので、先ほど計算した基準となる340円に、150円を足して、高めに見積もって500円ぐらいが発注値段の目安と考えることができます。これはもちろん株価が上がった場合の話です。もしファナックの株が200円下落していたとしたら、今度は200円の５割の100円を基準となる340円から引いた値段が、コールの売りの目安ということになります。

　そして最後にボラティリティの影響（〈**特性４**〉**ボラティリティが大きくなるとプレミアムは高くなる**）も加えないといけないのですが、これに関しては、対象の株が急落もしくは急騰している場合を除いては、考える必要はありません、もしも売りたいかぶオプの原証券の価格が急変している場合にはここまでの手順で計算したかぶオプの発注値段を、さらに２割程度引き上げてください。

　そして実際に発注する際のコツについて一言。前日の清算値段を参考に計算し、仮にコールのプレミアムの目安が340円とわかったら、そのまま340円で注文を出しても問題はありません。ただ、ここであまり高い値段で売ろうとせず、320円、あるいは300円ぐらいと気前よく売り注文を出すのもひとつの方法です。そうすれば買い手もすぐに

出てくることでしょう。ファナック株を100株保有している人が、300
円のコールを1枚売れば、30,000円（＝300円×100株）の売り代金を
受け取ることができます。19,000円の株価に対して300円は約1.6％で
す。ひと月に1.6％利益が増えるとすると、単純計算して年率利回り
が19.2％も増加することになります。

「カバード・コール」の場合、とにかくコールを売らないことには「カ
バード・コール」にならないのですから、多少安くてもコールを**売る
努力**をしましょう。

「ターゲット・バイイング」でプットを売る場合も同じように考える
ことができます。まず前日の清算値段を調べて、その値段から日数が
経つことで値下がりする分を差し引きます。あとは株価の上下を多少
加味して指値を決めましょう。

　もちろん、計算した価格どおりに注文を出したからといって取引が
成立するかどうかはわかりません。買い手と売り手の気持ちが釣り合
うところで約定するのが市場取引です。

　取引が成立しない場合は、翌日以降に再び注文を出すことになりま
す。注文を出しておけば、「この条件なら応じてもよい」という投資
家がいる可能性もあります。また、対象の株の株価が日中に変動する
ことによって約定するチャンスも増えます。注文を出すにあたってお
金がかかるわけではありませんから、たとえしばらくの間、値段がつ
かなくてもあきらめずに毎日注文を出し続けることが大切です。

# かぶオプ取引実践

　ここでは２つのケーススタディーを見ていただきたいと思います。「カバード・コール」と「ターゲット・バイイング」それぞれひとつずつご紹介いたします。実際の株価の値動きに沿って、「カバード・コール」や「ターゲット・バイイング」を行うことにより、どのような投資効果が得られたのかをご紹介します。

## 「カバード・コール」のケーススタディー　JR東海

　最初のケーススタディーとして、JR東海の株式を対象にした「カバード・コール」です。「カバード・コール」についてはすでに何度も説明しているので、あらためて言うまでもないとは思いますが、「**ちょっと有利な指値売り**」をしたいときに用いる手法です。ここでは、2018年９月10日に１株21,000円で購入したJR東海株を100株保有している、としましょう。10％以上値上がりしたら売却しようと考えました。購入価格の21,000円から10％程度値上がりしたところの権利行使価格は23,000円または23,500円です。ここでは株23,500円で売却したいと考えた前提で、説明を進めてまいります。

　そこで権利行使価格が23,500円のコールを売りましょう。この取引を行った日は９月19日でしたので、売るコールの限月は10月限です。10月限権利行使価格23,500円のコールのプレミアムは当時238円でした。これは１株あたりの値段ですから、実際に受け取れる代金はその100倍である23,800円です。コールを売ったあとは、最終取引日にJR

東海の株価が、権利行使価格である23,500円を超えてくるかどうかをチェックするだけです。10月限の最終取引日は2018年10月11日です。

　結果はどうなったのかというと、10月11日のJR東海の株価は、終値が22,790円でした。権利行使価格を上回ることができず権利行使されませんでした。つまりコールの売り代金のみが利益となり、23,500円で売ろうと思っていたJR東海株はまだ保有したままです。

　この時点で、保有しているJR東海株を23,500円で売却したいという気持ちに変化がなければ、さらに翌月限で同じ取引を行います。10月12日に、同じく権利行使価格23,500円のコールを今度は113円で1枚売りました。これによって得られたコールの売り代金は113円の100倍の11,300円となります。

　11月限の取引最終日は11月8日で、その日の終値は21,510円でしたからコールは再び権利放棄となり、また株は売れませんでした。しかしながら、この月は11,300円を手にできたことになり、先月分の23,800円と合わせると、合計で35,100円の利益を獲得できました。
　そこで、さらにその翌月も、権利行使価格23,500円のコールを売ります。そして、取引最終日の株価が23,500円以上になるまで、同様の取引を毎月繰り返しました。

　最終的に、株が売れたのは2019年1月10日でした。この間、11月9日と12月17日にも同じく権利行使価格23,500円のコールを売り、12月限からは321円、1月限からは497円のプレミアムが得られました。そして、ついに1月10日には株価が23,500円を上回ったため権利行使され、めでたく株が売れて売却益が得られました（表19）。

90　第3章　かぶオプの実践知識

**表19** JR東海　カバード・コール結果

| 限月 | 行使価格 | カバコ実施日／株価終値 | | プレミアム | 取引最終日／株価終値 | | 結果 |
|---|---|---|---|---|---|---|---|
| 10月限 | 23,500 | 2018/9/19 | 23,270 | 238 | 2018/10/11 | 22,790 | 権利放棄 |
| 11月限 | 23,500 | 2018/10/12 | 22,250 | 113 | 2018/11/8 | 21,510 | 権利放棄 |
| 12月限 | 23,500 | 2018/11/30 | 23,325 | 321 | 2018/12/13 | 22,935 | 権利放棄 |
| 1月限 | 23,500 | 2018/12/17 | 23,485 | 497 | 2019/1/10 | 23,730 | 権利行使 |
| | | プレミアム合計 | | 1,169 | | | |

　最終的に、どのような収益が得られたのかというと、まず株式の売却益が、

（23,500円－21,000円）×100株＝250,000円

　9月限から12月限まで「カバード・コール」を繰り返したことによって得られたコールの売り代金が、

　9月限……23,800円
　10月限……11,300円
　11月限……32,100円
　12月限……49,700円

　となって合計額は116,900円です。ただ単に、株を23,500円の指値で売っただけであれば250,000円の売却益しか得られないところを、カバード・コールを行うことによって、株式の売却益と4か月分の「カバード・コール」でのコール売り代金を合わせて366,900円の利益になったのです。この差は非常に大きいといえるでしょう。

## 「ターゲット・バイイング」のケーススタディー
## 清水建設

　次のケーススタディーは「ターゲット・バイイング」です。前述の「カバード・コール」は、「ちょっと有利な指値売り」でした。「ターゲット・バイイング」はその逆で、「ちょっと有利な指値買い」をするときに用いる手法です。ここでは清水建設を事例に挙げて説明しましょう。

　2018年11月1日の清水建設の株価は931円でした。2020年の東京オリンピックに向けて、まだ建設需要はありそうですし、清水建設といえば鹿島建設や大成建設などと並ぶ大手ゼネコンです。

　ただ、931円ではなく、できれば900円というキリのいい水準で買いたいところ。そのような場合、通常は900円で買い指値を入れて、株価が900円まで値下がりするのを、ひたすら待つことになります。

　ただ、この**「ひたすら待つ」**のは、資金効率という点から考えると、やや非効率です。何しろこの間は、株式を買うのに必要な現金を握ったままでいるしかないので、その間運用ができません。

　仮に1,000株買おうと思ったら、必要な金額は90万円です。これがまったく運用できない資金になってしまい、株が買えるまで一銭も利益を生みません。

　「ターゲット・バイイング」ではこの事態を改善できます。単に900円を権利行使価格とするプットを売るのです。実際にどうなったでしょうか。11月13日に、清水建設の12月限のプットを、30円で1,000株分、すなわちプット10枚を売りました。すると、プットの売り代金30,000円（＝ 30円×1,000株）が入ってきます。この状態で、プットの取引

92　第3章　かぶオプの実践知識

最終日である12月13日を迎えたところ、当日の清水建設の終値は930円でした。900円の権利行使価格よりも下がっていれば、プットの買い手が権利を行使しますが、930円では誰も権利を行使せず、そのまま権利放棄となります。

したがって、この時点ではまだ清水建設の株を買うことはできませんが、プットを売ったことで30,000円を収益として受け取ることができました。清水建設を買うために用意した90万円はただ寝ていただけではなく、「ターゲット・バイイング」をするために働き、確実に30,000円の利益を生んだことがわかります。ここがただの「指値買い」と大きく違う点です。

さらに翌月も「ターゲット・バイイング」を行います。今回は12月18日に権利行使価格900円のプット1月限を、28円で1,000株分、すなわちプットを10枚売りました。これによって28,000円の代金を受け取ることができます。

1月限の取引最終日は2019年1月10日で、この日の清水建設の株価終値は898円でした。権利行使価格である900円を2円下回ったので、プットの買い手の権利行使によって清水建設1,000株を900円で買うことになりました。

市場で株の指値買い注文を898円でタイミングよく出せたとすれば、1株898円で買えたかもしれません。本来このような「タラ・レバ」はあまり意味のない議論ですが、仮にそうだとしても、「ターゲット・バイイング」で買ったことに比べれば898円で買えるかどうかなど大した問題ではありません。

「ターゲット・バイイング」を行っていれば、この時点では株を買っただけではなく、2回のプット売り、すなわち12月限のプット売りで30円、1月限のプット売りで28円の合計で1株あたり58円をすでに受

け取っています。したがって、清水建設株を権利行使価格の900円で
買ったとはいえ、実質的には、

900円－58円＝842円

で買ったのと同じことになります。市場で指値898円で買う場合と
比べても、かなり安い株価で買えたことになるのです（表20）。

**表20 清水建設 ターゲット・バイイング結果**

| 限月 | 行使価格 | ターバイ実施日／<br>株価終値 | | プレミアム | 取引最終日／<br>株価終値 | | 結果 |
|---|---|---|---|---|---|---|---|
| 12月限 | 900 | 2018/11/13 | 906 | 30 | 2018/12/13 | 930 | 権利放棄 |
| 1月限 | 900 | 2018/12/18 | 901 | 28 | 2019/1/10 | 898 | 権利行使 |
| | | プレミアム合計 | | 58 | | | |
| | | 実質取得価格 | | 842 | | | |

　これらのケーススタディーのように、株をお得に売りたい場合は、
売りたい銘柄のコールを売るだけ、株をお得に買いたい場合には、そ
の銘柄のプットを売るだけです。デイトレーディングのような素早い
取引ではなく、1か月程度の単位でのゆっくりとした取引ではありま
すが、継続することでコツコツと着実に利益を積み上げることができ
ます。どちらの戦略からでもよいので、ぜひ実践してみてください。

# かぶオプ取引のための情報収集

さらに詳しくかぶオプの売買に関する情報を知りたい場合は、次のサイトなどが役に立つでしょう。

**【かぶオプチャート】**

さきほどご覧いただいた日本取引所グループのオプション価格情報ページには、20分遅れのオプション価格情報と、前日清算値段が表示されていますが、より長期の過去データや詳しい情報を知りたい方は、「かぶオプチャート」（http://www.option-info.net/）をご覧ください。

**図21　かぶオプチャート**

日本取引所グループ
大阪取引所

**かぶオプチャート**
Option Chart (Individual Options)

操作案内
User Guide

2019年03月15日更新

**IVランキング（IV Ranking）**

**IV上昇率ランキング（Implied Volatilities Increase Rate Ranking）**

| 順位 (Ranking) | コード (Code) | 銘柄名 | Underlying Securities | IV | IV前日比 (Change) | 株価終値(Last Price) | 株価前日比 (Change) |
|---|---|---|---|---|---|---|---|
| 1 | 6301 | 小松製作所 | KOMATSU | 29.2% | +1.1% | 2,672.5 | +1.8% |
| 2 | 7267 | 本田技研工業 | HONDA MOTOR | 20.1% | -1.8% | 3,057 | +1.1% |
| 3 | 7203 | トヨタ自動車 | TOYOTA MOTOR | 16.7% | -2.5% | 6,615 | +1.1% |
| 4 | 8306 | 三菱UFJフィナンシャル・グループ | MITSUBISHI UFJ FINANCIAL GROUP | 18.7% | -2.6% | 572 | +1.3% |
| 5 | 9020 | 東日本旅客鉄道 | EAST JAPAN RAILWAY | 15.5% | -2.7% | 10,730 | +0.8% |

**IV下降率ランキング（Implied Volatilities Decrease Rate Ranking）**

| 順位 (Ranking) | コード (Code) | 銘柄名 | Underlying Securities | IV | IV前日比 (Change) | 株価終値(Last Price) | 株価前日比 (Change) |
|---|---|---|---|---|---|---|---|
| 1 | 6502 | 東芝 | TOSHIBA | 22.4% | -9.1% | 3,575 | ±0.0% |
| 2 | 6758 | ソニー | SONY | 25.2% | -7.8% | 5,119 | -0.2% |
| 3 | 8802 | 三菱地所 | MITSUBISHI ESTATE | 18.4% | -7.5% | 2,003 | +0.5% |
| 4 | 6752 | パナソニック | PANASONIC CORPORATION | 20.9% | -7.4% | 962.6 | -0.1% |
| 5 | 9984 | ソフトバンクグループ | SOFTBANK GROUP CORP | 31.0% | -7.3% | 10,840 | +0.4% |

**IVランキング（Implied Volatilities Ranking）**

| 順位 (Ranking) | コード (Code) | 銘柄名 | Underlying Securities | IV | IV前日比(Change) | 株価終値(Last Price) | 株価前日比 (Change) |
|---|---|---|---|---|---|---|---|
| 1 | 6762 | TDK | TDK | 32.3% | -6.8% | 8,660 | -0.6% |
| 2 | 9984 | ソフトバンクグループ | SOFTBANK GROUP CORP | 31.0% | -7.3% | 10,840 | +0.4% |
| 3 | 6301 | 小松製作所 | KOMATSU | 29.2% | +1.1% | 2,672.5 | +1.8% |
| 4 | 7974 | 任天堂 | NINTENDO | 28.6% | -3.1% | 31,090 | +2.7% |
| 5 | 6758 | ソニー | SONY | 25.2% | -7.8% | 5,119 | -0.2% |

※各原資産における、直近限月・ATMに係るオプションのI.V.についてランキング

日本取引所グループホームページのトップページ下部の画像からも起動できます。

かぶオプチャート（図21）のページ上部にはIVランキング等が表示されています。IVとは「Implied Volatility（インプライド・ボラティリティ）」の略で、「収益の予想のしづらさ」や「収益率の変動の大きさ」を表す数字です。このIVの値が高まるほど、かぶオプの値段は高くなる傾向があります。できるだけたくさんのオプションプレミアムを稼ぎたい場合には、**IVランキング上位の銘柄から選ぶ**という方法があります。

かぶオプチャートの下段で、過去の日次での清算値段とIVを出力することが可能です。以下の順番で項目を入力していきます。

①**銘柄コードまたは銘柄名**
株式の銘柄コードまたは銘柄名を選択します。たとえば、2019年3月15日でIVランキングが1位のTDK（6762）を検索したい場合は、「銘柄コード（Code）」のプルダウンから「6762」を選ぶか、あるいは「銘柄名」のプルダウンで「TDK」を選択します（図22）。

**図22　銘柄コードまたは銘柄名選択**

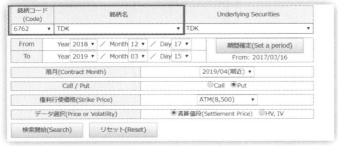

②**期間**
出力したい期間を指定します。自動で初期値には過去3か月が設定されますので、直近限月の取引について調べたい場合は初期値の年月日の

ままでかまいません。それ以前のデータを取得したい場合は「From」及び「To」を変更し、「期間確定（Set a period）」を押しましょう（図23）。

**図23** 期間指定

### ③限月

初期値は「期近（きぢか）」といって、直近の取引最終日である限月が入力されています。2019年3月15日の段階であれば、2019年4月が自動で設定されています。通常かぶオプ取引ではこの「期近」のものを取引し、翌月以降に取引最終日を迎える「期先（きさき）」の限月のものは扱いませんので、必要がなければそのままでかまいません。他の限月の情報を知りたい場合にはこちらを変更します（図24）。

**図24** 限月選択

### ④Call／Put

Call（コール）とPut（プット）のいずれかのラジオボタンを選択します。カバード・コールならCall、ターゲット・バイイングならPutにマークを付けましょう。たとえばTDKの株を8,500円で買う「ターゲット・バイイング」をしたいと考えているのであれば、「Put」を選びます（図25）。

**図25　Call／Put選択**

### ⑤権利行使価格

「カバード・コール」なら「いくらで売りたいか」、「ターゲット・バイイング」なら「いくらで買いたいか」の値段のことです。たとえばTDKの株を8,500円で買う「ターゲット・バイイング」をしたいと考えているのであれば、「8,500」を選びます（図26）。

**図26　権利行使価格選択**

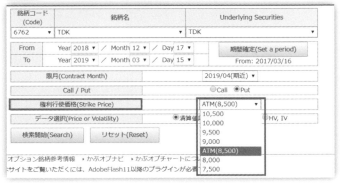

今現在の株価にもっとも近い権利行使価格には「ATM」という文字が表示されます。これはAt The Moneyの略です。

## ⑥データ選択
　チャートに表示したいものを選びます。「清算値段」にチェックを入れます（図27）。

### 図27　データ選択

　以上をすべて入力したら、「検索開始」のボタンを押します。すると、清算値段の日次チャートが描画され、さらにその下段には過去の清算値段と、HV（Historical Volatility）およびIVが表示されます（図28）。「CSVデータダウンロード」をクリックすると、CSVファイルでの出力も可能です。

### 図28　検索結果データ

| 日付<br>(Date) | 清算値段<br>(Settlement Price) | IV(%) | HV(%) | 株価終値<br>(Underlying Last Price) |
|---|---|---|---|---|
| 2019/03/01 | 243.5 | 38.2 | 35.1 | 9,070 |
| 2019/03/04 | 181.0 | 42.8 | 37.2 | 9,420 |
| 2019/03/05 | 203.0 | 41.0 | 38.1 | 9,240 |
| 2019/03/06 | 223.0 | 41.7 | 38.3 | 9,170 |
| 2019/03/07 | 249.0 | 41.6 | 38.7 | 9,060 |
| 2019/03/08 | 324.5 | 41.0 | 37.3 | 8,810 |
| 2019/03/11 | 307.5 | 39.1 | 30.5 | 8,760 |
| 2019/03/12 | 210.0 | 43.8 | 34.2 | 9,160 |
| 2019/03/13 | 262.5 | 39.0 | 36.3 | 8,840 |
| 2019/03/14 | 266.5 | 34.6 | 36.2 | 8,710 |
| 2019/03/15 | 260.5 | 32.3 | 35.3 | 8,660 |

この過去データを見ることで、対象のプットの値動きについて把握することができます。

　まず、一番直近の情報を見ましょう。TDKの2019年4月限、権利行使価格8,500円のプットの清算値段は2019年3月15日時点で260.5円。このときの株価が8,660円です。過去3日間の株価は8,700円前後で、プットの清算値段は260円程度です。ですから、2019年3月18日（月）にこのプットを売るとすれば、株価が8,700円程度であれば、プットは200～250円程度で注文を出すとよいでしょう。
　一方で、3月12日の行を見ると、株価が9,160円の日は、プットの清算値段は210円ですから、「〈特性2〉原資産の価格が下落するとプットのプレミアムは加速をつけて上昇する」の現象が起きていることが見てとれます。
　このように、過去数日のデータを見ることで、かぶオプの値動きがより詳しくわかるので、注文を出す際にも参考にしてください。

## 【証券会社からの情報】

　発注ツール上で参考価格を表示している証券会社もあります。たとえば、光世証券の場合、インターネットサービスである「光世倶楽部」サイト上で、かぶオプの価格情報を知ることができます。「有価証券オプション取引・注文」画面上で銘柄および限月、プット・コールの別を指定することで、前日清算値の一覧を見ることが可能です（図29）。
　ただしこれもあくまで前日の数字となっているので、上述したように今の株価を考慮する必要があります。また、直近のオプション・プレミアムを知りたい場合は、かぶオプを扱っている証券会社に問い合わせてみるのもよい方法です。

## 図29　光世倶楽部

| 銘柄 | ﾌﾟｯﾄ/ｺｰﾙ | 限月 | 権利行使価格 | 市場 | 前日清算値 | 前日値(原株) | 取引最終日 | 発注 |
|---|---|---|---|---|---|---|---|---|
| TDK | プット | 2019年04月 | 7,500.00 | 大阪 | 102.50 | 8,660.00 | 2019年04月11日 | |
| TDK | プット | 2019年04月 | 8,000.00 | 大阪 | 157.50 | 8,660.00 | 2019年04月11日 | |
| TDK | プット | 2019年04月 | 8,500.00 | 大阪 | 260.50 | 8,660.00 | 2019年04月11日 | |
| TDK | プット | 2019年04月 | 9,000.00 | 大阪 | 536.50 | 8,660.00 | 2019年04月11日 | |
| TDK | プット | 2019年04月 | 9,500.00 | 大阪 | 960.50 | 8,660.00 | 2019年04月11日 | |
| TDK | プット | 2019年04月 | 10,000.00 | 大阪 | 1,433.00 | 8,660.00 | 2019年04月11日 | |
| TDK | プット | 2019年04月 | 10,500.00 | 大阪 | 1,924.00 | 8,660.00 | 2019年04月11日 | |
| TDK | プット | 2019年05月 | 7,500.00 | 大阪 | 209.00 | 8,660.00 | 2019年05月09日 | |
| TDK | プット | 2019年05月 | 8,000.00 | 大阪 | 274.00 | 8,660.00 | 2019年05月09日 | |
| TDK | プット | 2019年05月 | 8,500.00 | 大阪 | 394.00 | 8,660.00 | 2019年05月09日 | |
| TDK | プット | 2019年05月 | 9,000.00 | 大阪 | 638.50 | 8,560.00 | 2019年05月09日 | |
| TDK | プット | 2019年05月 | 9,500.00 | 大阪 | 1,021.00 | 8,660.00 | 2019年05月09日 | |
| TDK | プット | 2019年05月 | 10,000.00 | 大阪 | 1,474.00 | 8,660.00 | 2019年05月09日 | |

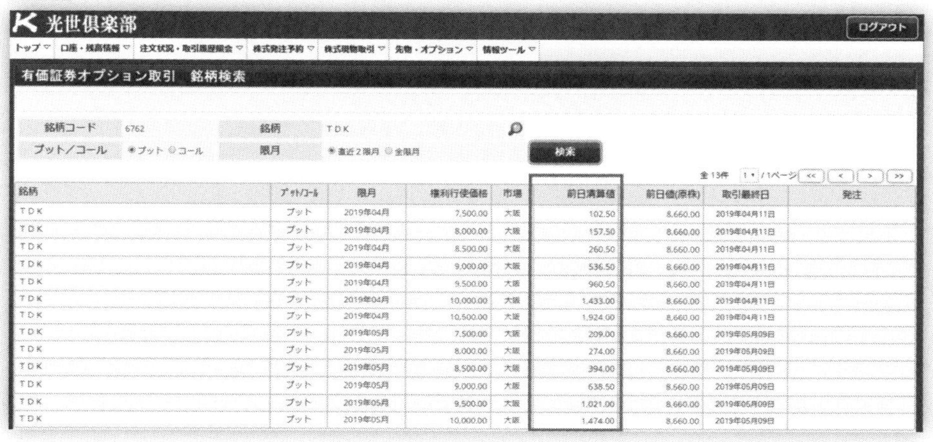

## 図30　シンプレクス・インスティテュート社のプライサー

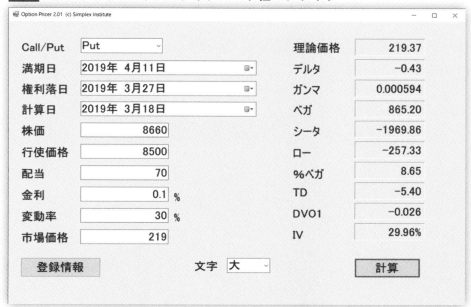

【オプション・プライサー】

　将来的に、かぶオプを含め、本格的にオプション取引に取り組みたい方は、有料のツールを活用するのもひとつの方法です。株式会社シンプレクス・インスティテュートが提供している「オプション・プライサー」を用いると、調べたい銘柄の条件をそれぞれ指定することで、オプションの理論価格を計算することができます（図30）。

【北浜投資塾】

　北浜投資塾（https://www.jpx.co.jp/ose-toshijuku/）は大阪取引所が提供している動画コンテンツによる学習サイトです。かぶオプだけではなく、先物やオプションと呼ばれる商品についても学ぶことができます。

図31　北浜投資塾

【Twitter】

　大阪取引所のデリバティブ情報に関する公式アカウントです（@kabu_op）。カバード・コールの公式キャラクター「かば子」ちゃんが、かぶオプの日々の流動性や人気銘柄、かぶオプ市場のアップデート等を日次で配信しています。

# 第4章

## かぶオプが使えると
## こんな取引も可能になる

# 塩漬け株の損失を埋めるための
「カバード・コール」
JT（日本たばこ産業）

　本章では、かぶオプを利用してどのような取引が可能なのか、さまざまなケースについて考えてみたいと思います。まず、表題にもあるように「**塩漬け株**」の対処法です。

　塩漬け銘柄。株式投資をしている人なら、ひょっとしたら１銘柄か、２銘柄くらい、ご自身のポートフォリオに入っているのではないでしょうか。頭の中では、「もういい加減、見切りをつけて損切りしなきゃ」と思っていても、「いや、きっとそろそろ底を打って反転するはず。もう少し持ってみよう」などと根拠のない期待感を抱いたがために、さらに株価が下がって損失が拡大し、売るに売れなくなってしまった。そんな経験は、株式に投資している方なら一度や二度はあるはずです。

　短期間で株価が何倍にもなった急騰銘柄の、天井近辺の株価をつかんでしまった場合、買った値段にまで株価が戻るには、かなりの時間がかかるでしょう。もちろん、ある会社の株価が大きく値下がりしたとしても、その会社の経営がきちんとしており、それなりの成長があれば、株価はいつか戻ってくるものです。

　しかし問題はそれまでにどのくらいの時間がかかるのか、ということです。仮に５年後に買った値段にまで戻ってきたとしても、塩漬けになっていた間は資金が株に代わっていて動かせなかったのですから、資産運用の効率は極めて悪かったはずです。つまり投資資金が無駄に

使われていたのと同じことになります。

　そのようなことは何とか避けたいと思い、たとえば「ナンピン」（株を買った後にその株が値下がりした場合、さらに安い値段で同じ株を買い増して、平均取得価格を下げる手法）して買いコストを下げる方法をとる人もいます。
　しかし、この「ナンピン」の問題点は、損失をかかえたままポジションを増やすのでリスクがさらに増えてしまうことです。これは理論的には正しいことではなく、その結果、多くの場合は損失がさらにふくらむことになります。

　では、しばらく値上がりが期待できないとして、「ナンピン」もせずに、少しでも早く損失を回復するための方法はないのか？　とお悩みの方へのおすすめの方法が「カバード・コール」です。JT（2914）を例にとって見てみましょう（図32）。

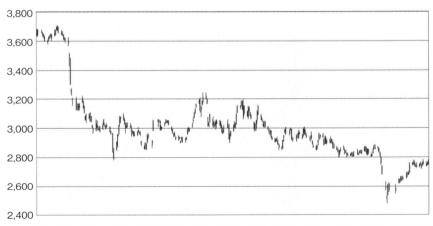

**図32**　**JT　日足チャート**（2018年1月4日〜2019年1月31日）

2018年１月、JTの株価は3,600円近辺でした。ここでは、3,600円ちょうどでこの株を買ったという前提で話を進めていきます。２月に入ると株価は急落、2018年３月２日には3,000円を割り込み、３月23日にはついに2,784円まで下落します。仮に買った株数が1,000株だとすると、360万円で買い付けた株式が270万円程度になったわけですから、ざっと90万円の損失です。ここまで損失額がふくらむと、もう損切りなどできるはずもなく、結果として「塩漬け」になります。

　とはいえ、株価がいつ3,600円に戻るかはわかりませんし、さらに2,700円よりも下がる可能性さえ考えられます。そして株価が3,600円に戻るまでの間、JT株を持っていても得られる収益は配当のみです。JTの配当は１株あたり年間150円程度ですから、１株900円近い損失額を配当で埋めるには６年もかかります。もしこの間、株価が横ばいで推移したら、現金360万円を６年間タンスの奥で眠らせておいたのと何ら変わりません。しかも単なる現金とは違い、「**さらなる株価の下落という不安を抱えて**」という状況です。

　この状況を打開すべく「カバード・コール」を用いて、塩漬けのJT株を保有している間も、毎月**実現益が発生**するようにします。2018年１月以降、コールを売り続けることによって得られた利益はいくらになるでしょうか。ここでは、その時点での株価よりも高い権利行使価格のコールを、ひたすら売り続けます。取引最終日を迎えたら、翌月に取引最終日を迎える新しいコールを売り続けること１年と２か月、コール売りによって得られたプレミアムの合計は、2018年１月から2019年２月までで１株あたり569円になりました。
　また、この間に受け取った配当は１株につき150円、配当と合わせた利益の合計額は１株あたり719円になります。もともとの損失はおよそ900円でしたから、約１年間で損失の80%程度を穴埋めできました。

株はまだ塩漬けのままですが、株価があと200円程度上昇するだけで利益を生むところまで回復させることができ、ひと安心です（図33）。

**図33** カバード・コールの有無による塩漬け株の収益の比較

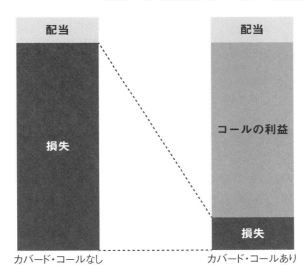

　この「カバード・コール」を用いた**「塩漬け株の救出劇」**は、ただ株を塩漬けにして株価の上昇を祈っているのに比べてどこが優れているのでしょうか？　毎月毎月コールを売ることでコールの売り代金を稼いでいく仕組みは「金利の受け取り」に似ています。預金とは異なり、株には金利はつきませんから、ただ株価の上昇を祈っているだけではいくら時間がたってもお金は増えません。でも「カバード・コール」をすることで、一回一回は少ないかもしれませんが毎月お金が入ってくるので時間がたてば現金が増えてゆきます。つまり**「時間の経過を味方につけて株を塩漬けから救い出す」**という点が優れているのです。

# 株主優待と「カバード・コール」で
# リターンを改善
# ANAホールディングス

　株式投資の目的は基本的に、保有株式の値上がり益、もしくは、配当を受け取ることですが、なかには株主優待をねらって銘柄を選んでいる人もいるようです。優待の種類も実にさまざまで、株主優待を上手に活用して、おトクな生活を送っている人も少なくありません。なかには生活に必要なモノ、コトのすべてを株主優待でまかなっているという方もいらっしゃるというから驚きです。

　株主優待を目的として株式に投資する場合、基本的には2つの方法が考えられます。権利確定日の数日から1か月ほど前に、優待をねらいたい銘柄の株式を買い、権利確定日をまたいでから売却する**短期の売買**。もうひとつは毎年の優待を楽しみにして、株価の水準は基本的にあまり考えず**長期保有**する方法です。

　ただ、いずれの方法をとるにせよ、株価の動きがまったく気にならないということではないでしょう。株主優待をもらうのが目的とはいえ「投資は投資」ですから、投資効率を無視することはできません。

　一般的に株主優待で人気の銘柄は、権利確定日に近づくにつれて株価が上がり、権利確定日を過ぎた時点で権利落ちにより株価が下がる傾向があります。したがって優待を目的に短期で売買すると、買ったときよりも安い値段で株を売る可能性があります。いくら株主優待が魅力的であるとしても、その株の売買で損失を出すのは本末転倒です。

一方、長期保有の場合、「株主優待がもらえれば株の売買損益など
どうでもよい」と割り切ることができればよいのですが、さすがに買
った株が20％も値下がりしたら「損益などどうでも……」とはのんび
りかまえていられないのではないでしょうか。20％の値下がりはない
としても、株式を単に保有し続けるということは、その間やはり資金
が寝てしまっているわけで、配当と株主優待しか受け取れないとした
ら何とももったいない気がします。

　そこで、「カバード・コール」の登場です。ここでは、銘柄として
優待で人気のANAホールディングス（9202）を取り上げてみましょう。
ANAホールディングス（以下ANA）の株主優待はかなり充実してお
り、100株以上保有している投資家を対象にして、国内線の搭乗優待
などさまざまな特典が得られます。最新の情報についてはANAのホ
ームページを確認してください。

　優待を目当てに、**権利確定日をはさんでANA株を短期で売買**する
ケースを考えてみましょう。この場合、まず同株を買い、次に売却し
たいと思う株価を権利行使価格とする「カバード・コール」を行いま
す。たとえば2018年３月決算に合わせて取引したとしてみましょう。
図34のように、この株を2018年３月７日に株価4,150円で100株買い、
権利確定後に４月に4,200円で売ったとしましょう。この取引では、
株の売買益が１株につき50円、これに加えて１株当たり60円の配当で
合計110円、さらに株主優待が手に入ります。株主優待だけではなく
株の売却益も得られるので、それなりに満足のできる結果です。とは
いえ4,150円で株を買った後、権利落ちで株価が下落してしまうため、
途中含み損が出て１か月近くは不愉快な思いをすることになります。

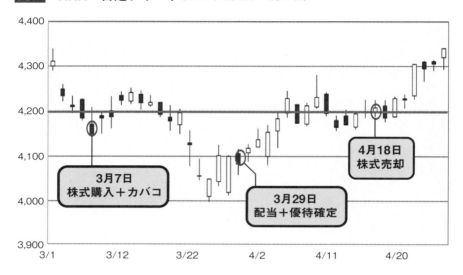

図34　ANA　日足チャート（2018年3月1日〜4月27日）

　そこで単に株を1株4,150円で買い4,200円で売る代わりに、「カバード・コール」をしてみましょう。この場合、買った株を4,200円で売ってもよいと思っているのですから、株を買ったらすぐに権利行使価格4,200円の4月限の「コール」を売ります。このときコールは1株につき89円という値段で売ることができました。ですから、まず1株あたり89円のお金が入ってきますので、買った株が下落したとしても、89円分はクッションがあり、権利落ちでの多少の値下がりも気になりません。4月限で「カバード・コール」をした結果、4月限の取引最終日の株価は4,164円でしたのでコールは権利放棄となり、株はこの時点では売却できませんでした。

　その後、株価が4,200円をつけた4月18日に株を売却したとすると、この間の1株あたりの利益は株の売買益50円と、配当60円、優待とさらにコールの売り代金89円、合計199円です。100株の投資であれば

19,900円の利益とお望みの優待を得て、とても資金効率のいい投資ができることがわかります。

　一方、今度はANAの株を、**優待取り目的で長期保有**するケースで、「カバード・コール」を考えてみましょう。株主優待を得るために長期保有すること自体は特に問題ありませんが、保有している期間中に得られる利益は、売却を前提にしないのであれば、配当のみになります。ANAの配当利回りは、2019年2月25日終値で1.69％ですから、預貯金の金利に比べればはるかに有利ですが、決して高いものではありません。しかし、「カバード・コール」を組み合わせることで、これをさらに上回る期間収益が確保できます。

　では具体的な例で調べてみましょう。ここでは2018年9月に3,800円でANAの株式を100株買い付けた後、2019年3月の決算日前まで「カバード・コール」を行ったとして、「カバード・コール」を行わない場合と比べ、利回りがどのくらい改善されるのかを見てみます。

　まず2018年9月25日に、権利行使価格4,200円、10月限コールを10円で売ったとしましょう。ここでは株式の長期保有という目的があるので、権利行使されて株が売れてしまわないように、この時点の株価（4,055円）より高めの4,200円を権利行使価格として選びました。
　さて、10月限の権利行使日である10月11日の株価は3,678円となり、権利行使価格である4,200円には届かなかったため権利放棄されました。そこで次に権利行使日の翌日、10月限と同じ4,200円の権利行使価格の11月限コールを1円で売りました。11月の権利行使日の株価は3,910円だったため、これも権利放棄になりました。
　このように、毎月コール売りを繰り返し、翌年3月までに受け取ったコールのプレミアムは表35のようになりました。

**表35** ANA　カバード・コール結果

| 限月 | 権利行使価格 | カバコ実施日／株価終値 | | プレミアム | 取引最終日／株価終値 | | 結果 |
|---|---|---|---|---|---|---|---|
| 10月限 | 4,200 | 2018/9/25 | 4,055 | 10 | 2018/10/11 | 3,678 | 権利放棄 |
| 11月限 | 4,200 | 2018/10/12 | 3,671 | 1 | 2018/11/8 | 3,910 | 権利放棄 |
| 12月限 | 4,200 | 2018/11/15 | 4,080 | 42 | 2018/12/13 | 4,002 | 権利放棄 |
| 1月限 | 4,200 | 2018/12/19 | 3,984 | 14 | 2019/1/10 | 3,906 | 権利放棄 |
| 2月限 | 4,200 | 2019/1/11 | 3,921 | 6 | 2019/2/7 | 4,057 | 権利放棄 |
| 3月限 | 4,200 | 2019/2/19 | 4,151 | 33 | 2019/3/7 | 4,031 | 権利放棄 |
| | | プレミアム合計 | | 106 | | | |

　プレミアムの合計は106円になります。ちなみに3月の配当予想は1株あたり60円ですから、3,800円で購入した株の配当のみの期間利回りは、

**60円÷3,800円＝1.58％**

　ですが、「カバード・コール」ではこれにさきほどの106円が加算されるので、利回りは、

**（60円＋106円）÷3,800円＝4.37％**

　となります。優待でのメリットも付け加えると、低配当と思われていたANA株でも「カバード・コール」によって効率よい投資が実現できることがおわかりいただけるでしょう。

　ただ長期保有を前提にしている株で「カバード・コール」を行う場合、ひとつ注意しなければならないことがあります。それは「カバード・コール」を組んでいて株価が急騰する場合です。このとき取引最

終日の株価が権利行使価格を上回ってしまうと、株を売らざるをえなくなります。仮に権利行使されても、すぐに株を買い戻せば継続して株を長期保有することはできますが、株の売買にともなう手数料がかかるうえに、いったん損益が実現することにもなります。売るコールの権利行使価格を株の現値よりかなり高めにしておけば、株価が多少上昇したとしても、権利行使されて株が売れてしまう恐れを減らすことはできます。その代わり、権利行使価格を高く設定すればコールの値段は下がりますので、受け取れるコールの代金は少なくなります。

このことをさきのANAの例で見てみましょう。2018年11月限の取引を見ると、コールを売った時点（2018年10月12日）の株価3,671円に対して権利行使価格をかなり高めの4,200円に設定したので、このコールのプレミアムはわずか1円でした。この事例では1円のコールを売るという取引例をあえて紹介しましたが、実際には1円のコールを売っても手数料のために受け取る代金のほとんどが消えてしまいます。

このように長期保有を目指す株で「カバード・コール」を行うときに、権利行使行価格を高く設定しすぎると、毎月入る現金はあまり期待できないことになります。とはいえ、欲張って高いプレミアムのコールの代金を取りにいけば権利行使が待ち構えています。そこで、長期投資前提の株で「カバード・コール」をするには、

**(1) 受け取る「コール」の代金を低めに抑えることで高い権利行使価格を選び、権利行使されて株が売れてしまう可能性を下げる（権利行使価格は毎月変えてもよい）**

**(2) もし株価が急上昇し権利行使されて株が売れてしまったら、株を買い戻してまた「カバード・コール」を継続する**

という戦術が有効です。

113

# 低配当株のリターンを
# 「カバード・コール」で改善
# オリエンタルランド

　ANAと同様、株主優待で高い人気を集めているのがオリエンタル
ランド（4661）です。ご存じのように、ディズニーランドおよびディ
ズニーシーの運営会社です。2019年３月時点では100株を保有してい
れば、年に１枚、株主用の１デーパスポートが株主優待として送られ
てきます。ちなみに400株以上で年２枚、800株以上で年４枚、1,200
株以上で年６枚、1,600株以上で年８枚、2,000株以上で年10枚、2,400
株以上で年12枚、となっています。

　この株主用パスポートの人気は高く、これを手に入れたいがために
オリエンタルランドの株式を保有し続けている投資家の方もたくさん
いらっしゃいます。

　また株価も順調に値上がりしています。ディズニーリゾートの入場
者数は安定的に増えており、2020年には新ランドも開園するとのこと
で、さらなる入場者増が期待されます。業績も多少の上下があるとは
いえ、かなり安定しています。投資対象として見た場合でも、オリエ
ンタルランド株に注目している人も多いことでしょう。

　ただ、残念ながらオリエンタルランドの配当利回りは非常に低いの
が現実です。同社の年間配当金額は１株につき40円程度ですので、株
価を12,000円として配当利回りを計算すると0.33％にしかなりません。
株主優待として毎年、株主用パスポートが送られてくることを計算に
入れれば、年間配当利回りが0.33％でもいいと考えることはできます。

　2019年７月現在、ディズニーリゾートのパスポートは7,400円です

から、株主用パスポートも7,400円であると考え、配当額の4,000円（1株40円として）とあわせて年11,400円分の収益となります。株価12,000円を100株保有するとして、その利回りは何とか0.95％までは改善されます。

とはいえ、やはりかぶオプの存在を知ってしまった以上、何もしないで利回り0.95％だけで満足するのは何とももったいない話です。ここは投資利回りを改善するために、かぶオプを積極的に活用したいところです。ここでは前提として、オリエンタルランドの株を以前10,000円で400株買い、株価が12,000円まで値上がりしたら売ってもよい、と考えているとしましょう。この場合、12,000円を権利行使価格とするコールを売る「カバード・コール」が威力を見せつけます。具体例で見てみましょう。

2018年9月6日、この日のオリエンタルランドの株価は11,700円でした。オリエンタルランドは、9月末と3月末が株主優待の割当基準日ですので、9月末まで株を保有していれば、株主優待を得られます。9月に10月限の「コール」を売って仮に権利行使されて株を売ることになっても、それは10月に入ってからということになり、9月末の優待を受け取ることはできます。

そこで、9月25日に権利行使価格12,000円の10月限コールを160円で売りました。10月の取引最終日に株価が12,000円を超えれば株は売却でき、超えなければ株を保有し続けます。実際には、10月の取引最終日である10月11日の株価は10,970円でした。すなわち12,000円を超えなかったのでコールは権利放棄され、手元には1株あたり160円のプレミアムと、売却できなかったオリエンタルランドの株式400株が残りました。

図36　オリエンタルランド　日足チャート（2018年9月3日〜2019年1月31日）

9月25日
カバコ開始

　株がまだ手元に残っていますので、さらに「カバード・コール」を継続します。今度は、10月18日に11月限の権利行使価格11,000円のコールを1株につき240円で売りました。11月限の取引最終日、11月8日のオリエンタルランドの株価終値は10,890円となり、前月に引き続き11月限のコールも権利放棄されました。ここまでで手元にはプレミアムの合計400円が入ってきて、オリエンタルランドの株式400株はまだ手元に残ってます。

　こうして12月限、1月限も同じようにコールを売り続けました。いずれも取引最終日に株価が権利行使価格を超えることはなく、毎月権利放棄となり、株を保有したままコールの売り代金を受け取りました。

　その結果、どのような収益が得られたのか1株あたりで計算してみましょう。まず、9月分の配当を1株につき20円受け取っています。

続いて、「カバード・コール」によって得られたプレミアムは、1株につき表37のようになりました。

**表37 オリエンタルランド カバード・コール結果**

| 限月 | 行使価格 | カバコ実施日／株価終値 | | プレミアム | 取引最終日／株価終値 | | 結果 |
|------|---------|------------------|---|---------|-----------------|---|------|
| 10月限 | 12,000 | 2018/9/25 | 11,950 | 160 | 2018/10/11 | 10,970 | 権利放棄 |
| 11月限 | 11,000 | 2018/10/18 | 10,930 | 240 | 2018/11/8 | 10,890 | 権利放棄 |
| 12月限 | 11,500 | 2018/11/30 | 11,295 | 131 | 2018/12/13 | 11,245 | 権利放棄 |
| 1月限 | 11,500 | 2018/12/19 | 11,395 | 259 | 2019/1/10 | 11,160 | 権利放棄 |
| | | プレミアム合計 | | 790 | | | |

　1株あたりのプレミアムの合計は4か月間で790円です。これに半期の配当20円を加えると1株あたり810円の利益となります。株の取得価格が仮に1株10,000円だとすれば9月から翌年1月までの5か月間の期間利回りは、

**810円÷10,000円＝8.10％**

となります。もし「コール」を売らなければ、20円の配当だけしか受け取れませんから、利回りはわずか、

**20円÷10,000円＝0.20％**

にすぎず、「カバード・コール」によって約40倍も利回りが改善したことになります。

117

ただここで、ひとつ気になる点が出てくるのではないでしょうか。オリエンタルランドの株式を株主優待ねらいでずっと保有しているとして、「カバード・コール」によって大幅な収益改善が期待できたとしても、あるとき権利行使日の株価が権利行使価格を上回り、保有しているオリエンタルランドの株式を売らざるをえなくなったら、次の決算時に株主優待がもらえなくなります。これは困りますね。

　しかし、これについては３つの方法で対応できます。ひとつ目はANAの例でも触れましたが、簡単に権利行使されないように、プレミアムは小さくても、**権利行使価格が高いコールを売る**ことです。利回りは落ちますが、急に株価が上昇しても、権利行使されにくいというメリットがあります。

　２番目の方法は、株価の値動きを見ながら**権利行使価格を引き上げ**ていく方法です。権利行使日の株価が権利行使価格の12,000円に近づいたら、翌月のカバード・コールでは、権利行使価格13,000円のコールを売るというように、株価の値動きをにらみながら、徐々に権利行使価格を引き上げていくのです。
　ただ、株価が急騰しないという保証はどこにもありませんから、仮に権利行使価格を株価の変動にあわせて毎月調整したからといって絶対に権利行使されないとは言い切れません。

　そして第３の方法は、これが一番現実的だと思いますが、権利行使されたら、翌営業日以降にあらためて**同じ株を買う**ことです。
　ただ、権利行使価格と同じ値段で株を買い戻すことができるとはかぎりません。たとえば、夜間に海外市場で株価が大きく上昇すれば、翌朝の東京市場も高く始まるかもしれません。その場合、前日の権利行使価格より多少高い値段で株を買うことになるでしょう。しかしそ

118　**第 4 章**　かぶオプが使えるとこんな取引も可能になる

うだとしても、「カバード・コール」をくり返すことで継続的に利益と優待を手にすることができます。

　これら３つの方法をうまく組み合わせ長期間にわたって「カバード・コール」を続けることで、低い配当の銘柄でも地道に収益を改善することが可能です。低配当銘柄であってもかぶオプが取引されていれば大丈夫なのです。

# 高配当株でも「カバード・コール」
# ヤマハ発動機

　低配当株の投資利回りを改善するうえで、「カバード・コール」が有益であることは、ここまでの事例でおわかりいただけたかと思います。そうだとしたら、こう考える方もいらっしゃるはずです。「低配当株の収益を改善できるなら、**高配当株と『カバード・コール』を組み合わせることによって、さらに魅力的な利回りを実現できる**のではないか」と。まったくそのとおりです。もし保有している銘柄が高配当株なら、それと「カバード・コール」を組み合わせることによって、さらに魅力的なリターンを追求できます。米国でも配当王や配当貴族といわれる連続増配銘柄と「カバード・コール」を組み合わせるのは効率よい株式投資の王道となっているようです。もちろん日本の株でも同じように実践できることは言うまでもありません。

　ここでは高配当銘柄の代表であるヤマハ発動機（7272）を事例にとってみましょう。ヤマハ発動機（以下ヤマハ）の配当利回りは、2019年4月時点で4.00％前後です。

　このヤマハ株を長年、売買しているAさんにご登場いただきましょう。Aさんはヤマハ株をその昔1株2,000円で2,000株買っていて、買価格2,000円で考えると1株あたり年90円の配当は利回り4.50％となり、それなりに高い配当額（税引き後144,000円）を受け取っていると思っていました。

　ところが「カバード・コール」戦略を2018年10月に学び、ヤマハもかぶオプ銘柄であったことを知ってしまった以上、これまで4.50％で

満足していたことを後悔しました。そこでヤマハの売値を買値に20％上乗せした2,400円と決め、それを権利行使価格とする「カバード・コール」を11月から始めました。もし権利行使されたら、またヤマハ株を買うつもりです。2019年4月11日までの時点ではまだ権利行使されていませんが、その結果が表38です。

**表38　ヤマハ　カバード・コール結果**

| 限月 | 行使価格 | カバコ実施日／<br>株価終値 | | プレミアム | 取引最終日／<br>株価終値 | | 結果 |
|---|---|---|---|---|---|---|---|
| 12月限 | 2,400 | 2018/11/2 | 2,290 | 67 | 2018/12/13 | 2,376 | 権利放棄 |
| 1月限 | 2,400 | 2018/12/14 | 2,306 | 28 | 2019/1/10 | 2,181 | 権利放棄 |
| 2月限 | 2,400 | 2019/1/15 | 2,229 | 15 | 2019/2/7 | 2,340 | 権利放棄 |
| 3月限 | 2,400 | 2019/2/12 | 2,350 | 38 | 2019/3/7 | 2,198 | 権利放棄 |
| 4月限 | 2,400 | 2019/3/8 | 2,132 | 9 | 2019/4/11 | 2,295 | 権利放棄 |
| | | プレミアム合計 | | 157 | | | |

　表からおわかりのように、5回の「カバード・コール」で1株あたり合計157円のプレミアムを受け取り、さらには12月末での配当45円も合わせれば、1株あたり202円という収益を生むことになりました。2,000円という株の購入価格が原資ですから、収益率は約半年間で、

**202円÷2,000円＝10.10％**

となり、**「カバード・コール」の威力**をまざまざと見せつけられた結果となりました。こんな方法があることを今まで知らなかったとはいえ、Ａさんはこれまでの配当率4.50％だけで満足していた自分がなんとも情けなくなってきました。しかし、これをきっかけにＡさんが「カバード・コール」を究めようと思ったのは当然のことです。

121

# 株価が上がらなくてもコツコツ利益が積み上がる「カバード・コール」
## ソニー

　株式市場でも為替市場でも、投資期間の7～8割がボックス圏、残り2～3割がトレンド相場などといわれることがあります。つまり、株式にしても為替にしても、それを保有している期間の大半は、上昇トレンド、下降トレンドではなく、ある一定の範囲で上下を繰り返すボックス圏の中にあるということです。

　**ボックス圏相場で利益を得る**方法としては、短期売買に徹して下がったところで買い、ちょっと値上がりしたところで売ることを繰り返すという手があります。とはいうものの、初心者にとっては、この手の相場のアヤを読み取るのは難しく、安値と思って買ったらさらに下がり、高値と思って売ったらさらに値上がりしたりして、悔しい思いをするケースも少なくありません。

　またボックス圏相場では大きな値幅で利益をねらうことが難しく、どうしても小さな値幅で利益を稼ごうとするため、必然的に不要な売買もしてしまい売買の回数が多くなりがちです。こうなると手数料がかさむばかりで、短期売買は必ずしも得策とは言えなくなります。さらには相場をずっと見張っていなければなりませんので、本業がおろそかになってしまいます。

　しかし、だからと言ってじっと動かずに、大きく値上がるのを待っているのもストレスがたまります。いつか値上がりすると思うからこそ、その銘柄を仕込んだわけですから、値上がりしない期間が長くな

ると、「自分の判断はどこか間違っていたのではないか」などと疑心暗鬼になりますし、値上がり益がなかなか得られず時間だけが経つのでは、お金が寝ているだけで投資効率も悪くなり、ただ気持ちだけが焦ることになります。

　そういうときは、やはり「カバード・コール」を活用しましょう。そうすれば、ボックスが続いて利益が得にくい相場環境下でも、安定的に毎月利益を得ることができるので、やきもきした気持ちがなくなり、穏やかな心持ちで投資に向かうことができます。

　具体例として、ここではソニー（6758）を取り上げます。2017年12月に5,000円の安値を付けた後、2018年1月から上昇トレンドに入ったものの、1月後半に5,600円の高値を付けてから下落。その後は5,500円をなかなか抜けることなく、6月までその状態が続きました。

**表39　ソニー　カバード・コール結果**

| 限月 | 行使価格 | カバコ実施日／株価終値 | | プレミアム | 取引最終日／株価終値 | | 結果 |
|---|---|---|---|---|---|---|---|
| 3月限 | 5,500 | 2018/2/21 | 5,378 | 104 | 2018/3/8 | 5,377 | 権利放棄 |
| 4月限 | 5,500 | 2018/3/9 | 5,393 | 195 | 2018/4/12 | 5,200 | 権利放棄 |
| 5月限 | 5,500 | 2018/4/18 | 5,395 | 79 | 2018/5/10 | 5,109 | 権利放棄 |
| 6月限 | 5,500 | 2018/5/18 | 5,416 | 66 | 2018/6/7 | 5,521 | 権利行使 |
| | | プレミアム合計 | | 444 | | | |

　そこで、5,500円を売却希望価格として「カバード・コール」を実践します。まず、最初の取引は2018年2月21日に行いました。3月限権利行使価格5,500円のコールを1株につき104円で売りました。取引最終日は3月8日です。その日の株価は5,377円で引けたので、コールは権利放棄となり、1株につき104円のプレミアムを受け取りまし

た。売却希望価格である5,500円には到達しなかったため、ソニー株は売れずに手元に残ります。

　そこで3月9日に、再び株の売り目標を5,500円とした「カバード・コール」を行いました。これによって得られたプレミアムは1株につき195円です。このコールが満期を迎えたときの株価も5,500円に達しなかったため、またもやソニー株は売れませんが、1株あたり195円を実現益として受け取ります。同じように、4月18日にも5月限権利行使価格5,500円のコールを79で売り、チャートからわかるように5月の取引最終日も株価は5,500円を下回ったので、株は売れずにコールの売り代金だけを受け取りました。
　そして、5月11日に同様のカバード・コールを行い、66円のプレミアムを得て、6月限取引最終日である6月7日にソニーの株価は5,521円という終値をつけました。この時点でようやく株価が5,500円を超えたので、ソニー株を売却できました（表39）。

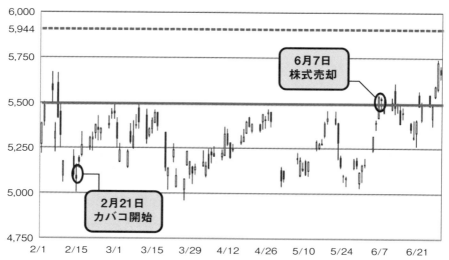

**図40**　ソニー　日足チャート（2018年2月1日〜6月29日）

このようにレンジ相場が続いた2018年２月から６月までの間、４回連続して「カバード・コール」を続けることによって、１株あたり合計444円（＝104円＋195円＋79円＋66円）のプレミアムを受け取りました。その結果、ソニー株は5,500円で売却できましたが、実際の収益にはプレミアムも加算されるので、６月７日の時点で5,944円で売却したのと同じことになります。

　その後の株価推移を見ますと、2018年７月以降、ソニーの株価は騰勢を強め、6,000円に達していますから、「それを待って売ったほうがよかったのでは」という意見もあるでしょう。しかし、これは７月になってから言える結果論であり、6,000円になるかどうかは６月７日の時点では誰にもわかりません。仮に上がるのを単に待っていたとして、ボックス圏を上に抜けることもあれば、下に抜けることもあります。もし下に抜けたら損失を覚悟しなければなりません。したがって、ボックスの上限である5,500円に達した段階で、ある程度の利益が見込めるのであれば、そこを売却希望価格にするのは、６月７日時点では合理的な選択です。しかも１株あたりコールの売り代金の合計444円を上乗せして受け取れたのですから、かなり効率のよい投資結果です。このように**ボックス圏相場でも高い収益をねらう**ことが可能な点も、「カバード・コール」戦略の素晴らしさのひとつです。

　ボックス相場の中、いつ売れば良いのか悩みながら毎日株価をチェックしているぐらいなら、月に１回「カバード・コール」を行って、あとは翌月の取引最終日まではポジションを放置しておくだけの気軽な投資を試してください。毎月定期的にコールの売り代金という収入が入ってくるうえに、取引最終日にボックスの上限を超えれば利食いもできるという仕掛けを作っておいたほうが、精神的にも資金的にも余裕が生まれます。投資を長く続けていくうえで、心とお金の余裕は大事な要素となることでしょう。

# 「ターゲット・バイイング」でお得に買い、「カバード・コール」でお得に売るキーエンス

　ここからは、**まったく株を持っていない**状態から、かぶオプを用いて有利に売買する戦略を考えてみたいと思います。そのためには、「ターゲット・バイイング」でお得に株を買い、次に買った株を「カバード・コール」でお得に売るという方法を使います。

　株式を買うとき大半の人は「**指値**」で注文を出すでしょう。この指値の買い注文と同じ効果を持つのが、「ターゲット・バイイング」です。ここではキーエンス（6861）株の売買を事例として取り上げてみます。

　指値で株を買う場合もそうですが、「ターゲット・バイイング」でも株を買うには、いくらならその株を買ってもよいのかを考える必要があります。図41のチャートは、2017年12月から2018年5月までの、キーエンスの株価推移を示しています。

　ここでは、2017年12月下旬の時点でキーエンス株を62,500円で買いたいとしましょう。そこで、62,500円を希望購入価格（＝権利行使価格）とする「ターゲット・バイイング」を行います。「ターゲット・バイイング」を行った場合、取引最終日の株価が希望購入価格を下回れば、プットを権利行使されることで株式を買うことができます。逆に取引最終日の株価が希望購入価格を下回らない場合、株は購入できませんが、プットを売った代金は利益として残る仕組みです。したがって、まず「ターゲット・バイイング」を行うには、権利行使されることで

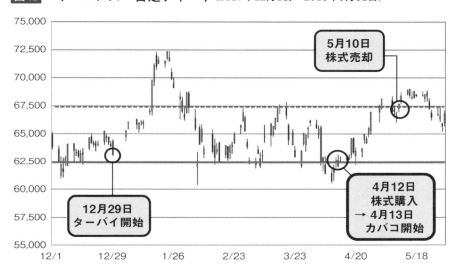

株を買う場合のことを考えて、その銘柄を買うのに必要な資金を用意しておく必要があります。キーエンスの場合、最低取引単元数が100株なので、1株あたりの購入株価が62,500円ということは、最低でも625万円を用意することになります。お金の準備ができたら、早速「ターゲット・バイイング」を行ってみましょう。

この取引を始めたのが2017年12月29日のころで、このときの株価は63,120円でした。買いたい価格の62,500円まであと620円も下がるのかどうかと考えてしまうところですが、キーエンスの株価は何しろ1株60,000円以上もする**超値がさ株**です。63,120円の株価ですので、1％も下がれば62,500円で買うことができます。絶対的な金額で見ると大きな値幅のように見えますが、率で考えれば小さなものです。このように、値がさ株の変化については「差」ではく、「率」で見るようにしたほうがわかりやすいものです。投資の世界ではいくら利益が出た

とか、いくら下落したという絶対的な数字（この場合は差）ではなく、何％の収益率があったとか価格が何％下落したとか「率（％）」で考えるようにすると比較が楽になり、勘違いも減るものです。「率」で考えるクセをつけるのは上手な投資家への一歩だそうですので、みなさんもぜひ挑戦してみてください。

　というわけで、ひとまず62,500円を希望購入価格とする「ターゲット・バイイング」を行います。具体的には、権利行使価格が62,500円の１月限プットを売って取引最終日を待つだけです。プットを売れば代金を受け取ることができます。受け取った代金は１株につき689円でした。そして取引最終日である2018年１月11日を迎えました。このときの株価は65,960円。キーエンスの株価は下げるどころか、逆に値上がりしてしまいました。ですから残念ながら株を買うことはできませんでした。

　指値による通常の売買であれば、ここは悩むところです。「62,500円で買指値していたが株価は下がるどころか65,960円まで上がってしまった。指値を65,000円まで上げるべきか？　このまま62,500円で待つべきか？」とまるでハムレットになった気分です。指値を65,000円に引き上げれば、現在65,960円の株価がわずか1.45％下げれば買指値注文は約定します。キーエンスの値動きから考えれば、この程度の株価変動は大したことではないはず、十分に可能性はあるでしょう。
　でも、そんな高いところでキーエンス株をつかんでも大丈夫なのか？　という心配はあります。だからと言って、62,500円の指値のままでは65,960円から5.24％も下がらなければキーエンス株は手に入りません。この実現可能性はかなり低く、かなりの長期戦を覚悟する必要があります。
　ところが「ターゲット・バイイング」ではこんな迷いはありません。

なぜでしょうか？

　その答えはもうすでに手の中にあります。「ターゲット・バイイング」が一度終わっているみなさんの手の中にはプットの売り代金として1株あたり689円の実現益があるはずです。単に「指値が約定しなかった」では一銭も手にすることはできませんが、「ターゲット・バイイング」では、まだキーエンス株の取引を行ってもいないのに利益が出ています。ここが指値による売買とは大きく違うところです。

　そこで、「ターゲット・バイイング」を継続するあなたは、悩んでいるハムレット氏を横目で見ながら今までどおり希望購入価格を62,500円のままに据え置いて、また権利行使価格62,500円の2月限プットを売りました。今回は1株あたり391円しか受け取れませんでしたが、この時点で別に損失が出るわけではありません。このように「ターゲット・バイイング」では株価が権利行使価格の62,500円以下になるのを待っている間も、**プレミアムという収入**が得られます。「待つ」ことがただの時間の浪費ではなく、しっかりと**「時間にお金を生んでもらっている」**のです。

　さて、毎月1回プットを売るという「ターゲット・バイイング」を継続していたところ、ようやくキーエンス株は下落へと転じました。2月9日に行った3月限での「ターゲット・バイイング」は、取引最終日の株価が63,060円で、残念ながらあと一歩のところで株を買えませんでした。しかし3月9日に行った4月限での「ターゲット・バイイング」では、取引最終日の株価が62,080円まで下落したためプットが権利行使され、めでたく62,500円でキーエンス株を買うことができました。

　結局、2017年12月から2018年3月の間に4回の「ターゲット・バイ

イング」を行い、この間にプレミアムの合計額は１株につき4,896円にもなりました。4月時点でキーエンス株を１株62,500円で買ったのですが、すでに4,896円を受け取っているので、実質的には62,500円から4,896円を差し引いた57,604円で買い付けたのと同じことになります。このように「ターゲット・バイイング」では、株を買う前に売ったプットの代金を何度か受け取ることによって、買い値段を実質下げる効果が得られます。つまり、ちょっと**お得な買い**ができるということです（表42）。

**表42　キーエンス　ターゲット・バイイング結果**

| 限月 | 行使価格 | ターバイ実施日／株価終値 | | プレミアム | 取引最終日／株価終値 | | 結果 |
|---|---|---|---|---|---|---|---|
| 1月限 | 62,500 | 2017/12/29 | 63,120 | 689 | 2018/1/11 | 65,960 | 権利放棄 |
| 2月限 | 62,500 | 2018/1/12 | 66,050 | 391 | 2018/2/8 | 65,450 | 権利放棄 |
| 3月限 | 62,500 | 2018/2/9 | 63,680 | 2,027 | 2018/3/8 | 63,060 | 権利放棄 |
| 4月限 | 62,500 | 2018/3/9 | 64,750 | 1,789 | 2018/4/12 | 62,080 | 権利行使 |
| | | 合計プレミアム | | 4,896 | | | |
| | | 実質取得価格 | | 57,604 | | | |

　「ターゲット・バイイング」によってキーエンス株を手に入れたあなた、次は悩むことなく「カバード・コール」でお得に売るはずです。2018年２月からのキーエンスの株価推移を見ると、67,500円がひとつの節目になっているように見えます。節目とは、一定期間ある水準以上に値上がりしない、あるいはその水準以下に値下がりしない株価の位置を指します。多くの投資家が株を売買するときに、常に意識しているものです。キーエンスの株価の節目が67,500円と見たあなたは、希望売却価格を67,500円にして、今度は「カバード・コール」です。

この実例においては、「ターゲット・バイイング」が成立した４月12日に、62,500円でキーエンス株を手に入れた翌日の４月13日に「カバード・コール」を開始しました。すなわち株の売り目標を67,500円として、今度は権利行使価格67,500円のコールを売ってゆきます。さて、いったい「カバード・コール」を何回できるのでしょうか？

　などと考えているうちに、あれよあれよという間にキーエンスの株価は値上がりし、５月10日の取引最終日には67,690円まで上昇してしまいました。これによって、「カバード・コール」を行った時点で受け取ったコールの売り代金、１株あたり223円を得たのと同時に、目標としていた67,500円で売却できたことになります。半年にわたるこの一連の売買でどれだけの収益率になったのか？　ちょっと計算してみましょう。

　ここではすべて１株あたりの金額で考えます。収益源は３つ、「**株の売買損益**」、「**プットの売り**」、そして「**コールの売り**」です。
　まず株の売買損益については、62,500円で買ったキーエンス株を67,500円で売ったのですから、１株あたり5,000円の利益です。
　次に「ターゲット・バイイング」でのプット売りは、2017年12月から2018年３月の間に４回行い、受け取ったプレミアムの合計額は1株につき4,896円でした。
　最後に「カバード・コール」のコールの売りは１回しかできませんでしたが、１株につき223円の受け取りでした。
　これらをすべて合計すると10,119円となり、この利益を生むためにはキーエンス株を１株について62,500円で買う必要がありましたので、これを投資資金として考え収益率は、

　　**10,119円÷62,500円＝16.19％**

と半年間としてはまずまずの結果でしょう。

　この収益率は株式投資のものとすれば、とびきり素晴らしい成績とは言えません。株式投資を数年やっていれば、1か月で15％や20％の収益をあげた経験は誰にも一度や二度はあると思います。ただ、かぶオプを使った「ターゲット・バイイング」や「カバード・コール」の優れていることは、収益そのものではなく、**収益を得るプロセス**にあるのです。これまで何度も繰り返し説明してきたように、毎月コールやプットの売り代金が入ってくるという仕組みそのものにあり、誰でも「参加さえすれば」必ずお金が毎月口座に入ってきます。

　通常、現金も株もただ持っているだけでは（利息や配当を除いては）お金を生みません。しかし、かぶオプをつけ加えることで、資産を保有している**時間をお金に換える**ことができます。この仕組みこそ「カバード・コール」や「ターゲット・バイイング」のとびきり優れている点ではないでしょうか。

　これは余談ですが、キーエンスの株価は、その後の6月半ばから7月上旬にかけて大きく下げ、7月5日には56,900円の安値をつけました。もしかぶオプを用いず、単純な指値買いと指値売りで売買していたら、本当に67,500円でキーエンス株を売れたかどうかは疑問です。

　株価が値上がりすると人は欲が出てきて、「もう少し値上がりするのではないか」などと思ってしまい、せっかくの売り時を逃してしまうものです。その点、「カバード・コール」や「ターゲット・バイイング」では事前に自分で目標価格（権利行使価格）を決めていくので、迷いの少ない投資を継続でき、それが結果として安定した収益につながることになります。

# 値下がり局面で有利に買う
# キヤノン

「株価が高くてなかなか手が出せなかった銘柄が徐々に安くなってきて買い時かもしれない」、そんなタイミングをうまくとらえて投資したいと考えている方もいることでしょう。そういう場合にも、「ターゲット・バイイング」は非常に有効です。すなわち**下落局面**で「ターゲット・バイイング」で有利に買う戦術です。ここではキヤノン（7751）を例として取り上げましょう。

2018年1月時点で、キヤノンの株価は4,200〜4,300円台で推移していました。比較的配当利回りが高い銘柄なので、長期保有したいという投資家もいらっしゃるでしょう。とはいえ、4,300円台の株価は少し高いので、できればもう少し安くなったところで買いたいと思っているなら、「ターゲット・バイイング」を用いて買いをねらいます。

ここでの事例は、2段階で「ターゲット・バイイング」を駆使します。まずキヤノンの株価が4,000円を割り込んできたところで、購入希望価格を3,800円に設定し「ターゲット・バイイング」を行います。つまり、権利行使価格3,800円のプットを売って待ちます。

2018年2月14日、株価は3,901円でした。このとき、3,800円を権利行使価格とするキヤノンの「ターゲット・バイイング」で、1株あたり90円がプットの売り代金として入ってきました。しかし、取引最終日である3月8日の株価は3,869円となったため、株価が権利行使価格よりも高かったので、残念ながら株を買うことはできませんでした。

133

次に、3月9日に再び3,800円を権利行使価格とするキヤノンの「ターゲット・バイイング」を行います。これによって得られたプットの売り代金は1株につき81円です。4月限の取引最終日である4月12日時点の株価は3,867円でしたから、この月も残念ながらキヤノン株の買いにはつながりませんでした。

　ここでは、キヤノン株を買えるまで、「ターゲット・バイイング」を続けていくのですが、4月12日の取引最終日の株価が3,867円ですから、あと少し下がれば3,800円という希望購入価格に達しそうです。しかも、チャート（図43）を見ると、もう少し下げる可能性もありそうです。キヤノン株がまだ買えてもいないのに、先々月と先月の2度の「ターゲット・バイイング」で1株あたり171円（＝90円＋81円）という利益がすでに手元にはあります。今までキヤノンを買いたかったけれどずいぶんと待ちました。もう少し「ターゲット・バイイング」を続けながら待つのも悪いことではなさそうです。

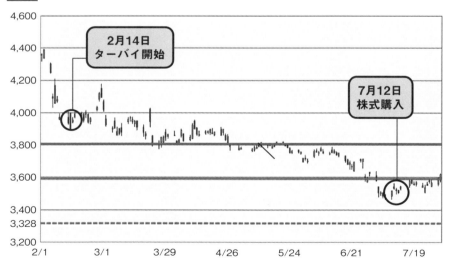

**図43** **キヤノン　日足チャート**（2018年2月1日〜7月31日）

こう考えれば、次回の「ターゲット・バイイング」では**権利行使価格をもう一段階下げる**、という方法を取ることもできます。そうすれば、さらに安くキヤノン株を買えるかもしれません。それに株が買えなかったとしても、今までと特に何かが変わったわけではありません。変わったことと言えば、「ターゲット・バイイング」ですでに利益を得ているということでしょう。そこで４月13日に、権利行使価格を3,600円に下げた「ターゲット・バイイング」を行いました。つまり今度は権利行使価格が3,600円の５月限プットを売ります。

　その結果、５月限の取引最終日である５月10日のキヤノン株価は3,790円だったので、キヤノン株は買えず、さらに翌月に持ち越す形になりました。続いて５月24日に行った６月限での「ターゲット・バイイング」の取引最終日における株価は3,763円でした。６月も株は買えず、さらに翌月に持ち越しました。そして６月19日に行った７月限での「ターゲット・バイイング」でようやく株を買えました。７月限の取引最終日は７月12日。このときの株価はもう一段下がって3,505円でした。これで、ようやくキヤノン株が買えたことになります。

**表44　キヤノン　ターゲット・バイイング結果**

| 限月 | 行使価格 | ターバイ実施日／株価終値 | | プレミアム | 取引最終日／株価終値 | | 結果 |
|---|---|---|---|---|---|---|---|
| ３月限 | 3,800 | 2018/2/14 | 3,901 | 90 | 2018/3/8 | 3,869 | 権利放棄 |
| ４月限 | 3,800 | 2018/3/9 | 3,880 | 81 | 2018/4/12 | 3,867 | 権利放棄 |
| ５月限 | 3,600 | 2018/4/13 | 3,865 | 20 | 2018/5/10 | 3,790 | 権利放棄 |
| ６月限 | 3,600 | 2018/5/24 | 3,752 | 13 | 2018/6/7 | 3,763 | 権利放棄 |
| ７月限 | 3,600 | 2018/6/19 | 3,680 | 68 | 2018/7/12 | 3,505 | 権利行使 |
| | | プレミアム合計 | | 272 | | | |
| | | 実質取得価格 | | 3,328 | | | |

キヤノン株の買付価格は２回目に設定した目標どおり3,600円です。この間、「ターゲット・バイイング」によって得られたプレミアムの総額は272円でしたので、実質的には3,328円という値段でキヤノン株を買えたことになります。実は、その後もキヤノンは下げ続け、７月６日の安値は3,463円をつけました。でもキヤノン株の実質的な購入価格3,328円からみれば、この安値でも損失が生じていません。これは驚くべきことだと思いませんか？

このように、株価の動きに応じて購入希望価格を変えていくのは、相場を読む技量も多少必要になりますが、プット売りの回数を増やしながら利益を積み重ね、実質的な購入価格を下げていくことができ、指値で単純に買うよりも、はるかに有利な条件で株を購入できます。

# 短期間でプレミアムを稼ぐ任天堂

次に任天堂（7974）を事例として見てみたいと思います。なぜこの株を選ぶかのというと、任天堂の株価はボラティリティが高いというのがその理由です。ボラティリティについての詳しい説明は第２章や第７章を見てください。株価の「ボラティリティが高い」というのは「株価が大きく動くこと」と思われがちですが、それよりは「株価が上下によく動き、動きがわかりづらいこと」と考えていただいたほうが実際の感覚に一致します。

日経平均が１日で1,000円下落すると、市場関係者たちが「市場の

ボラティリティが上がった」などとコメントすることがあります。これもボラティリティを「値動きの読みづらさ」と読み換えると納得できます。1日で1,000円も日経平均が下落したら、誰もが「明日の相場はどうなるのだろう。さらにもう1,000円下がるのか、それとも、半値戻しの500円くらいは上がるのか」と考えるはずで、これって市場のみなさんが「明日の市場の動きがよくわかりませ〜ん」と言っていることと同じですね。そう大幅下落によって、確かにボラティリティは上がるのです。

　ボラティリティについての説明はこれくらいにして、本論に戻ります。なぜ「ボラティリティ」を取り上げたかというと、これも第2章で説明しましたが、**「ボラティリティが高い銘柄のかぶオプのプレミアムは高い」**からなのです。その理由をご説明しましょう。ある株のボラティリティが高くなれば、値動きに大きな上下があると考え、その銘柄を保有している人は株価の大幅下落を心配するはずです。ですから下落に備えて積極的にプットを買おうとします。つまり多少高いプレミアムを払ってでもプットを買うはずです。これが、ボラティリティが高くなると**プットのプレミアムが高くなる**理由です。
　コールについては、「空売り」している投資家の心理を想定すれば同様の結論になります。株価が暴落した後にボラティリティが高くなると、「空売り」している投資家は株価の急反発をおそれます。この場合、多少高めのプレミアムを払ってでもコールを買うことで保険をかけようとします。つまりコールのプレミアムは必然的に高くなります。

　これまでの流れの中で、「カバード・コール」や「ターゲット・バイイング」を行うときには必ずコールやプットを「売る」ことになったはずです。ですから、ボラティリティが高い銘柄を選んで「カバード・コール」や「ターゲット・バイイング」をすれば、コールやプッ

トを高く売れるはずで、これはたくさんお金が入ってくることを意味します。そういう銘柄の代表が任天堂であり、任天堂は**「高ボラティリティ銘柄」**なのです。

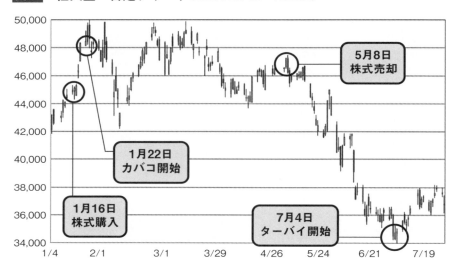

図45　任天堂　日足チャート（2018年1月4日～7月31日）

　図45をご覧ください。2018年1月16日に任天堂株を45,000円で購入後、49,000円で売却したいと考えているとしましょう。いうまでもなく、権利行使価格49,000円の「カバード・コール」を行います。48,450円をつけていた1月22日に2月限で「カバード・コール」を始めましたが、取引最終日にあたる2月7日には株価が44,320円まで下落し、株は権利行使されませんでした。しかし、さすがは高ボラティリティ銘柄の任天堂、1株あたり1,073円という高いプレミアムを受け取りました。

　続く3月限、4月限と同様に権利行使価格49,000円の「カバード・

コール」を行ったものの、いずれも取引最終日でも権利行使されず、任天堂株は売却できませんでした。しかし、3月限は723円、4月限では1,234円ものプレミアムを受け取り、3か月間で1株あたり合計3,030円の利益をすでに稼いだことになります。株自体からも利益が出ているのであれば、このあたりで通常の指値で売ってしまうのもひとつの手です。もともとボラティリティの高い銘柄ですから、下げると大きく下げる可能性があるのでそうなったら1株あたり3,030円の利益では慰められません。そう考えて、次回の「カバード・コール」は行わず、5月8日に株を47,000円の指値で売ってしまいました（表46）。

### 表46 任天堂 売買結果

| 限月 | 行使価格／指値 | カバコ実施日／株価終値 | | プレミアム | 取引最終日／株価終値 | | 結果 |
|---|---|---|---|---|---|---|---|
| | 45,000 | | | | 2018/1/16 | | 株式購入 |
| 2月限 | 49,000 | 2018/1/22 | 48,450 | 1,073 | 2018/2/7 | 44,320 | 権利放棄 |
| 3月限 | 49,000 | 2018/2/26 | 48,770 | 723 | 2018/3/8 | 47,970 | 権利放棄 |
| 4月限 | 49,000 | 2018/3/9 | 48,110 | 1,234 | 2018/4/12 | 44,730 | 権利放棄 |
| | 47,000 | | | | 2018/5/8 | | 指値売り |

| | | |
|---|---|---|
| 合計プレミアム | | 3,030 |
| 株式売買損益 | | 2,000 |
| 損益合計 | | 5,030 |

| 限月 | 行使価格 | ターバイ実施日／株価終値 | | プレミアム | 取引最終日／株価終値 | | 結果 |
|---|---|---|---|---|---|---|---|
| 7月限 | 35,000 | 2018/7/4 | 34,510 | 1,544 | 2018/7/12 | 35,820 | 権利放棄 |
| | | 合計プレミアム | | 1,544 | | | |

案の定、その後任天堂株は下落の一途をたどり、7月2日には35,750円まで値下がりしました。値下がりによってボラティリティはさらに高まり、こうなると「ターゲット・バイイング」の**チャンス**です。たとえば、7月4日に35,000円を購入希望価格とするターゲット・バイイングを行ったとします。この日に売ったプットからの利益は1株あたり1,544円でした。最終的にこのターゲット・バイイングは、取引最終日の株価が35,820円だったため、任天堂株は買えずに終わりましたが、株を売買することもなく1株あたり1,544円の利益を確保できました。

　1月から7月までの一連の取引で、1株あたり6,574円の利益を得ることができました。当初の45,000円の購入価格で考えると14.61％の収益率です（表46）。


　任天堂のようなボラティリティの高い銘柄を選んで「カバード・コール」や「ターゲット・バイイング」を行うことはごく一般的なことです。そのためには各銘柄のボラティリティを知らなければなりませんが、これは取引所が提供している「かぶオプチャート」などのサイトで調べることができます。こういったサイトでいろいろな銘柄のボラティリティを調べておくことは、かぶオプに限らず、銘柄選択のひとつの指針として大事なことです。

　たとえば、値動きの安定した銘柄で投資資金を長期間にわたって運用したいという場合、高ボラティリティ銘柄を選択するのは理屈に合いません。今後は「ボラティリティ」も投資判断の指標のひとつとして利用することをおすすめいたします。

# 第5章

## よくある質問とその答え

# Q 「カバード・コール」で 損失が生じるのはどういうとき？

**A** 「カバード・コール」を行った場合、株価が大きく動いたとしても、実損はありません。取引最終日の株価が権利行使価格を大きく上回った場合、仮に株価がどれだけ値上がりしていても株は権利行使価格での売却となります。つまり、「カバード・コール」を行った投資家は、権利行使価格を超えて値上がりした分の値上がり益を得ることはできません。つまり実損にはなりませんが、想定以上の利益を得ることはできません。

たとえば権利行使価格1,000円のコールを売った後に、株価が1,200円に値上がりしても、その株は1,000円でしか売ることができないということです。損はしていませんが、もうあと200円儲け損ねたように感じることはあるでしょう。

この点については、「カバード・コールをすることで、株価が上がっても下がってもどちらの場合でも確実に受け取れる利益（＝コールの売り代金）があるのだから、その半面、想定以上に大幅に値上がりした場合の利益は多少あきらめるものだ」と納得してください。上がっても下がっても儲かって、さらに値上がりした場合は大きく儲けられるという、いいとこ取りの取引があればうれしいに違いありませんが、そんな都合のいい取引は金融には存在しません。想定外の値上がりが頻繁に起こるのであれば、株式投資で苦労はありません。値上がりする株を間違いなく選ぶことができて、かつ一番よいタイミングで売ることができるという自信があれば、あえてかぶオプを使う必要もありませんが、いつでもそううまくいくわけではないでしょう。思うように値上がりしないときでも着実な利益が得られる「カバード・コール」は十分に役立つことと思います。

また、「カバード・コール」の権利行使価格に到達せず、逆に株価が大幅に下落した場合は、保有している株式からは含み損が発生する可能性もあります。しかしこれは「カバード・コール」というコールの売りポジションそのものに損失が生じているわけではなく、通常の株の買い持ちに対しての損失です。保有株からの損失が発生する可能性は避けられませんが、その場合でもコールを売ったことによる利益は確実に受け取っていますので、単独の株の買い持ちで損をするよりも損失が軽減されます。

大幅に株価が急落した場合は、株式そのものを売却して損切りを実行することもひとつの選択肢です。その場合、コールの売り建玉がある場合は株を売ることができませんので、いったんコールを買い戻してから、株を売却しましょう。株価の下落が一時的で、いずれ上昇すると考えられるのであれば、「カバード・コール」を続けるという方法もあります。株を保有している間、毎月コールを売ることで、損失を少しずつ回復させることができます。

# Q 「ターゲット・バイイング」で損失が生じるのはどういうとき？

**A** 「ターゲット・バイイング」の場合は、取引最終日の株価が、権利行使価格を下回れば株を買うことができるという戦略です。この場合、あらかじめ受け取っているプットのプレミアム以上に権利行使価格からの値下がりが起こった場合には、株を買った時点で含み損が発生します。

ただし、このことはプットを売ったことによる損失ではなく、買う株の値下がりによる損失ですから、権利行使価格と同じ指値で株を買った場合にも生じる損失です。つまり通常の株の売買でも同じことになるわけです。

143

また、取引最終日以前に一度は株価が権利行使価格を下回ったにもかかわらず、取引最終日には株価が権利行使価格よりも高くなった場合、「ターゲット・バイイング」をしたことで株を買うことができず、がっかりすることがあるかもしれません。「ターゲット・バイイング」は、株を買うことができるかどうかは取引最終日の株価によって決まります。ですから、「ターゲット・バイイング」を始めてから数日後に、株価が権利行使価格よりも値下がりしても、取引最終日にならなければ株を買うことはできません。

　指値で買っていれば株を買えていたはずなのに、「ターゲット・バイイング」をしたために株を買いそびれるということはあります。しかしこの場合、株を買わずして利益（プットの売り代金）を得ているという点では、むしろ効率のよい投資となります。

# Q 信用取引で買った株式で「カバード・コール」はできる？

**A** 残念ながらできません。「カバード・コール」を行う場合、対象とする株式を担保としてコールを売っていますので、株は証券会社に預けることになります。信用取引で買っている株は、すでに信用取引の担保になっているわけですから、もはや「カバード・コール」の担保とすることはできません。

# Q かぶオプの取引の利益は損益通算できる？

**A** 「カバード・コール」や「ターゲット・バイイング」で得られる利益は、損益通算の対象となる場合と、雑所得としての申告分離課税となる場合があります。

## ①損益通算ができる場合

　取引最終日に権利行使された場合がこのケースです。

「カバード・コール」でコールを売った場合、取引最終日の株価が権利行使価格を上回り、コールが権利行使されて株が売却できた場合、権利行使価格よりもコールの売り代金分だけ株を高く売ったこととなります。すなわち株式の、

**譲渡価格 ＝ 権利行使価格 ＋ コールのプレミアム**

　として計算され、コールの売り代金の分だけ株式の譲渡損益が増えます。

　同様に、「ターゲット・バイイング」でプットを売り、取引最終日の株価が権利行使価格を下回り、プットが権利行使されて株を購入できた場合には、権利行使価格よりもプットの売り代金分だけ株を安く買ったこととなります。すなわち株式の、

**取得価格 ＝ 権利行使価格 － プットのプレミアム**

　として計算されます。

## ②申告分離課税となる場合

　取引最終日に権利放棄となった場合、または取引最終日前にかぶオプを反対売買した場合がこのケースです。

「カバード・コール」や「ターゲット・バイイング」でかぶオプを売り、取引最終日に権利放棄となって株の売買をともなわない場合、かぶオプの売り代金は雑所得となります。

　また、取引最終日の前に反対売買によってかぶオプのポジションを閉じた場合にも、その損益は雑所得とみなされます。

## Q 特定口座の株式でかぶオプの取引は可能？

**A** 特定口座の株を用いて、かぶオプの取引をすることもできます。詳しくは証券会社に確認してください。かぶオプの取引を行うには、特定口座以外に、先物・オプション口座の開設が必要です。

## Q 「カバード・コール」をしたいが、株式を持っていません。どうすればよいの？

**A** 「カバード・コール」を行うときは、現物株式を保有していることが大前提になるので、コールを売る銘柄の現物株式がなければ取引できません。したがって、まずは株を買う必要があります。かぶオプ対象銘柄の中で、投資したい銘柄を選びましょう。買う場合には、通常の指値で買ってもよいですが、「ターゲット・バイイング」を用いて、有利な指値買いを経験してみてもいいかもしれません。

もし、他の証券会社の口座に現物株式がある場合は、それをかぶオプが取引できる証券会社の口座に移管して、カバード・コールを行うことも可能です。

## Q 取引の流動性が心配です

**A** かぶオプは2019年現在、知る人ぞ知る取引で、流動性はかならずしも十分とは言えない状況です。しかしながら、取引量

も参加者も年々増加傾向にあり、実際に毎日取引が行われています。注文を出してすぐに約定しない場合もありますが、1日の間に株価も変動しますので、それに応じて注文が約定することがよくあります。

もし、いつまで待っても注文が約定しない場合には、証券会社に問い合わせをして、最適な売値を相談するのも一案です。

## Q 途中で「カバード・コール」や「ターゲット・バイイング」をやめることはできるの？

**A** 可能です。たとえば「カバード・コール」を始めたけれど、株価が下落し始めたので、早々に株を売却したいと思ったとします。この場合は、売っているコールを買い戻せば、「カバード・コール」をやめることができます。

あるいは、「カバード・コール」をしている途中で株価が上昇し、最初に売ったコールの権利行使価格よりも高い値段で売りたいと考えた場合も同様です。コールを買い戻すことで「カバード・コール」を中断することが可能です。

後者の場合には、株価が値上がりしていることにともない、コールの値段が値上がりしている可能性が高く、コールの買い戻しで損失が発生することも起こりえます。したがって、「カバード・コール」をする場合、株を売ってもよいと思える値段を権利行使価格として選ぶようにしましょう。

ターゲット・バイイングの場合も同様です。プットを売った後に、売ったプットの権利行使価格で株を買うことを取りやめたいと思った場合には、プットを買い戻すことでターゲット・バイイングを中断することができます。

## Q 「カバード・コール」や「ターゲット・バイイング」では証拠金は必要ないの？

A 日経225オプションを取引したことがある方であれば、オプションを売るには証拠金が必要だということはご存じかと思います。しかし、「カバード・コール」や「ターゲット・バイイング」でかぶオプを売る場合は証拠金という形での担保は必要ありません。「カバード・コール」であれば、保有している株が担保となります。「ターゲット・バイイング」であれば、権利行使された場合に必要となる株の買い代金が担保となります。

したがって、「カバード・コール」を継続している間は、保有株は当然ながら売ることはできません。権利行使となった場合に売り渡す株がなくなってしまうからです。同様に、「ターゲット・バイイング」を継続している間は、権利行使された場合に株を買う代金が拘束されることになります。

## Q かぶオプだけを単独で売買することは可能？

A 可能です。ただし、かぶオプを買い建てる場合にはオプションの買い代金と手数料だけがあれば十分ですが、かぶオプを単独で売り建てる場合には、オプション売りに相当するだけの証拠金が必要になります。証券会社によっては、かぶオプを単独で売ることを許容していない会社もあります。かぶオプの買い戦略については第6章に説明がありますので、ぜひご覧ください。

# 第6章

## かぶオプを買うという戦略

ここまでの説明では、「カバード・コール」と「ターゲット・バイング」という２つの戦略で、いずれもかぶオプを売ることでお得に株を取引する方法をご紹介してまいりました。かぶオプは売るしか取引ができないのだろうか、買うことはないのだろうかと、疑問をお持ちになった方もいらっしゃることでしょう。もちろん、かぶオプは買うことも売ることもできます。そして、かぶオプを買って利益を出すことも可能です。

　本章では、株式投資家が**安定的に年率10％のリターンを得る**という、この本のテーマからはそれますが、せっかくかぶオプの勉強をしたのですから、かぶオプの買いについてもどのようなときに買うのか、そしてどのように使うのかをご説明したいと思います。

# コールを買う
# 損失限定で値上がり益をねらう戦略

　ある株を１株1,000円で買いたいと思っており、まさに買うタイミングを見計らっているところだとしましょう。ここでの心配ごとは、買い時を待っているうちに株価が値上がりして、1,000円で株を買えないうちに株価が上昇してしまうことです。そこで役に立つのがコールです。もし権利行使価格が1,000円のコールを買っておけば、将来株価が仮に1,200円に値上がりしても、取引最終日に株を1,000円で買うことができるというわけです。ただし、取引最終日に市場価格が1,000円を下回っていた場合には、わざわざコールを行使して1,000円で株を買わなくても、市場でもっと安く株を買うことができますから、

コールは何の役にも立ちません。この場合、コールを放棄しますので、コールを買った代金が損失になってしまいます。

このように、コールを買う場合、コールの買い代金はある意味**掛け捨て**と思ってください。本当に値上がりする株で、今すぐ買いたいならただちに株を買えばよいのです。しかし、買おうかどうか心が決まらないとき、コールのプレミアムというわずかな保険料を払っておけば、将来株価が上がっても最初に決めた値段で株を買うことができるというのが**コールの買い戦略**です。

ではさっそくコールの買いについて、実際の市場での例を見てみましょう。事例のひとつ目は資生堂の株の取引です。資生堂の株価は2019年の年明け以降少しずつ値上がりし、2019年2月25日時点では7,300円台まで上昇してきました（図47）。

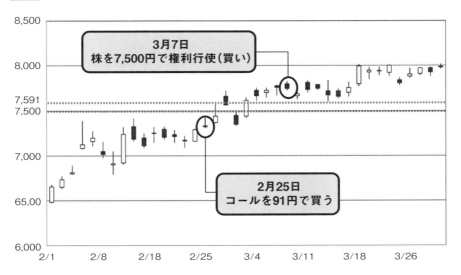

図47 資生堂　日足チャート（2019年2月1日〜3月29日）

株価がこの後も値上がりしそうだと考えたとします。今すぐこの株を買うだけの強い気持ちはないけれど、とはいえまだまだ株価が値上がりするのであれば、7,500円に値上がりするまでには、100株買ってみたい、そのように思ったとしましょう。そこで登場するのがコールです。資生堂の権利行使価格7,500円のコールを1枚買い、コールの取引最終日を待ってみましょう。

　2月25日時点で、資生堂の3月限権利行使価格7,500円のコールは1株当たり91円で買うことができました。株を100株買いたいと考えているので、コールの買い枚数は1枚となります。1株あたり91円のコールを100株分ですから、9,100円という代金を支払うことで、取引最終日の時点で株価がいくらに値上がりしていても、1株7,500円で資生堂の株を買うことができるという権利を手に入れました。この状態で、3月7日の取引最終日を待ちました。

　さてコールを買った結果はどうなったのでしょうか。3月限取引最終日、3月7日の資生堂株終値は7,746円で、値上がりするだろうという読みが的中する結果となりました。あらかじめコールを買っていますから、株価が7,746円まで値上がりしているにもかかわらず、権利行使価格の7,500円で株を購入することができます（もちろん株を買うのには買い代金が必要ですから、取引最終日までには口座には株の買い代金75万円は用意しておく必要があります）。

　では、この取引の収益性を見てみましょう。コールの取引によって株を買うために使ったお金は、株の買い代金75万円と、最初に買ったコールの代金9,100円です。1株あたりで考えると、7,500円の取得価格にコールの91円を加え、1株7,591円で買ったと考えることができます。3月7日時点での株価は7,746円ですから、株を買ってすぐ売

152　第6章　かぶオプを買うという戦略

ったとしても、利益を得ることができます。もし仮に、株を購入後、3月18日に1株8,000円に値上がりしたところで売却すれば、1株あたり409円の利益、1株7,591円を原資と考えれば、期間収益率は5.4%です。

　この資生堂の取引例のように、コールの買い取引は、買いたい株があるけれども、今すぐ買うのが不安なときに役に立ちます。
　たとえば決算発表を控えており、これから株価が大きく動く可能性がある場合などです。発表次第では株価が急騰するかもしれないのでそのときは出遅れずに買いたい。とはいえ今すぐ株を買って下方修正が発表されたら反対に損が出てしまうので買いときが難しい。このようなときに、株を直接買うのではなく、その株のコールを買います。
　コールを買うお金は多少かかりますが、株価が下がったら権利を放棄すれば値下がりする株を買わずに済みますので、コールの代金以上の損失は発生しません。
　一方、値上がりすれば株を権利行使価格で買うことで、値上がり益を得ることができます。つまり、損失を限定しながら、値上がり益をねらう取引が可能となります。

# コールを買う
# 値がさ株をお手頃価格で取引する

　もうひとつのコール買いの使い道は、株価の高い株、いわゆる**値がさ株の買いの代わり**に使うという方法です。株式の中には、株価が10,000円以上する株、つまり最低単位を買うだけでも100万円以上のお金が必要になる銘柄もあります。

　そこで、このような値がさ株を取引したいときに、株を直接買うのではなくて、その株のコールを買うことで、少ない資金で利益をねらうことができます。というのも、コールの値段というのは、対象の株が値上がりするとコールの値段も値上がりする性質があるので、これを利用するのです。

　ここではキーエンスの取引の例を見てみましょう。2019年2月1日時点でキーエンスの株価は57,000円台でした。この株に投資しようとすると、最低単位の100株買うだけでも600万円近いお金が必要になります。株価がこの後も値上がりしそうなので、買いたい気持ちはあるものの、600万円もの資金が寝てしまうのは困ると思ったとしましょう。できればもう少し小額でキーエンスに投資をしたい、そう思ったときには、キーエンスのコールを買うのがひとつの方法です。

　この当時、キーエンスの権利行使価格62,500円のコールは、1株あたり290円という値段でした。100株分買ったとしても290円の100倍ですから必要となるお金はわずか29,000円です。そこで、58,000円を払ってこのコールを2枚買いました。

すると、コールを買った後、読みどおりキーエンスの株価は値上がりしました。2019年2月25日の時点で、キーエンスの株価は10,000円以上値上がりし、68,000円を超えていました。キーエンスの株価が上昇すると、コールも値上がりします。先日290円で買ったコールはなんと20倍以上の値段、5,865円にまで値上がりしています。そこで、このコールを売却しましょう（図48）。

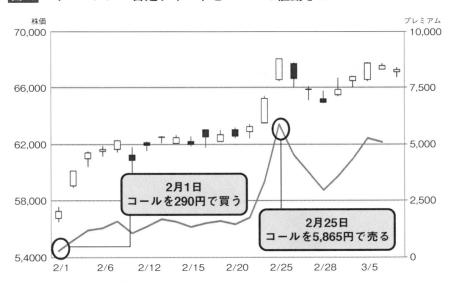

図48 キーエンス　日足チャートとコールの値動き（2019年2月1日〜3月7日）

この取引の利益はいくらになるでしょうか。290円で買ったものを5,865円で売ったのですから、差額は5,575円。コール1枚は100株に相当しますから、コールを2枚買っていれば、5,575円の200倍の1,115,000円が利益です。この取引に使ったお金は、最初に買ったコールの代金わずか58,000円だけです。もしキーエンスの株を買ってから売却するという取引をしていたら、取引を始めるだけで600万円近いお金が必要でしたが、キーエンスのコールを買うことで、約60,000円

の元手で110万円以上の利益を得ることができました。

　このように、値がさ株で手を出しにくい場合などに、その株を直接買う代わりにコールを買うという戦略は、**少ないコストで大きな収益をねらう**ことができるという強力な方法です。

　ただし、思惑どおりにいけば使ったお金の何倍も利益を得ることができるという強力なツールではありますが、外れた場合には、最初に投じたお金はすべてなくなります。つまり先ほどの58,000円は水の泡と消えてしまいます。そもそもコールの買いとは、そういう性格の取引です。

　さらに、コールを買う場合にはもうひとつ注意が必要です。コールは取引最終日に株を権利行使価格で買うことができるという権利ですから、コールを買い持ちしたまま取引最終日を迎える場合、取引最終日の株価が権利行使価格よりも高ければ、コールを権利行使して株を買うことができます。

　しかし、株を買うだけの資金を口座に用意しておかないと、せっかく株を買えば利益がでる状態であるにもかかわらず、株を買うことができず権利を放棄することになります。つまり、利食いのチャンスを逃してしまいます。そうならないように、コールを買い持ちしたまま取引最終日を迎えるのであれば株の買い代金を口座に用意しておく必要があります。

　もしくは、株の買い代金を用意できなければ、取引最終日までにコールを反対売買して利益を確定することを心がけてください。

# プットを買う　株の保険

　プットはどのようなときに買うのでしょうか。それは、株を保有しているときに下落の心配が出てきたときです。たとえば1株1,000円で買った株を持っているとして、株価が上がっているうちは何の心配もありません。しかし、市場全体が荒れるなどして、この株が値下がりして買った値段の1,000円を割り込むようなことが起こりそうだとなれば、不安が生じます。このように下落の心配が出てきたとき、プットを買っておけば一安心です。つまりプットを買うことで、取引最終日に株価が権利行使価格を下回っていれば、権利行使価格で株を売ることができます。

　今の例であれば、権利行使価格が1,000円のプットを買っておくことで、取引最終日時点で、株価が仮に900円まで値下がりしていたとしても、持っている株を1,000円で売ることができるというわけです。このように、プットを買っておくことは**下落に対しての保険**として機能します。ただし、プットを買ったからといって、取引最終日に市場価格が1,000円を上回っている場合にはプットは役に立たず、プットを買った代金分が損失になりますので、掛け捨て保険のようなものだとお考えください。

　プットによる保険をトヨタの例で見てみましょう。2018年12月時点で、トヨタ株を100株保有していたとします。この100株は、株価6,000円で買ったものだとしましょう。12月3日時点では、トヨタの株価は7,000円を超えている状況で、含み益が出ています。この後もしばらく上昇を続けるだろうと思い、もっと値上がり益をねらいたい

157

と考えている状況です。とはいえ、トヨタ自動車とは直接関係がないことでも、たとえば夜中に海外の株式市場が下落した場合には、つれ安でトヨタの株価も下落する可能性もゼロではありません。その結果、目も当てられない損失が発生したら、それほど悲しいことはありません。さて、どうしましょうか。

　もし本当に株価の下落からの損失をゼロにしたいなら、持っている株を売るしか手はありません。しかし、株はもうしばらく持ち続けて利益をねらいたいという気持ちが捨てきれず、それでいて下落したときの損失を少しでも減らしたいと思うならば、多少の保険をかけるということを考えてみましょう。つまりプットを買っておきましょう。

　12月初旬の時点では、トヨタの株価は、購入した6,000円に比べて20%近くも高い値段でした。株価が値上がりするほどプットの値段は値下がりします。つまり株高のとき、プットは割安になっているので、プットを買うにはよいタイミングです。もしここでプットを買っておけば、理由はともあれトヨタ株が大きく下落したとしても、プットから利益が出て、株の値下がりの悲しみをプットの利益が多少いやしてくれるはずです。
　簡単に言えば市場リスクのヘッジをすることができます。そう考えて、12月4日にトヨタの1月限権利行使価格6,500円のプットを1枚64円で買いました。プットを買うのに必要なお金は64円の100倍で6,400円です。そしてその保険が、図らずも役に立ってしまいました。12月25日、日本の株式市場は大きく下落しました。トヨタの株価は6,079円まで値下がりし、12月4日から比べると、トヨタの買い持ちからは85,200円も利益を失ったことになります。
　しかし、このとき、買っておいたプットが値上がりしていました。プットを464円で売却できたので、プットから40,000円の利益を得る

ことができました。株の下落による損失85,200円のおよそ半分をプットが救ってくれました。さらに年明け1月以降、株価は6,800円前後まで上昇しましたので、持っていた株からも再び利益が出てきています（図49）。

**図49** トヨタ　日足チャートとプットの値動き（2018年11月15日〜2019年1月23日）

　このように、保有している株が値上がりしてきたとき、今後起こるかもしれない大きな下落に対して、プットを保険代わりに買っておくというのは有効な方法です。もちろん、あくまでこれは保険ですから、役に立たずに掛け捨てに終わる可能性もあります。

　ですから、あまり高額なプットを買う必要はありません。**株の代金の1％程度の代金で買うことができるプットで十分**です。保有している株が、この値段よりも下がったら耐えられないと思う値段を権利行使価格として選ぶとよいでしょう。そしてひとたび下落が起きて下落

が収まったら、値上がりしたプットはすぐに売って利益を確定してしまいましょう。

　このような保険的なプットの買いは、それが利益を生んだときには、買った値段の何倍にもなったら**すかさず売ってしまうのがコツ**です。プットを売った後に、再び株価下落が気になったら、あらためて手頃な値段のプットを買い直すことにしましょう。

　この例ではトヨタ1銘柄を保有しているという前提でトヨタのかぶオプのプットを買いましたが、複数の銘柄を保有しており、市場の下落リスクに対処したい場合には、第7章の後半でヘッジについて詳しくご説明しておりますので、そちらもあわせてご覧ください。


　この章でご紹介したように、かぶオプは買うことによっても株式投資に有効に使うことができます。普段の取引投資とかぶオプを併用することで、株式投資の戦略の幅が広がり、利益のチャンスを増やすことが可能です。ぜひいろいろな戦略を試していただきたいと思います。

# 第7章

## 株式投資を続けていくうえで役立つデリバティブの知識

本章では、かぶオプを用いた投資手法の説明からは少し離れて、株式投資を続けていくうえで役立つデリバティブの知識をご紹介いたします。かぶオプを取引する方だけでなく、現物株のみ取引する場合でも役に立つ内容ですので、必要だと感じたときにぜひお読みください。

# ボラティリティとは何か、
# 株式投資にどう役立つのか

　第2章の「オプションの価格（プレミアム）はこうして動く」でオプション・プレミアムの特性を説明しました。その中の「〈特性4〉ボラティリティが大きくなるとプレミアムは高くなる」という部分でボラティリティとは何かを直感的な言葉で表現しておきました。それとても私の表現力の乏しさのためか、あるいは、説明力不足のためか日常的な概念からはやや遠い表現になっていたと思います。そこで表現した「ボラティリティ＝収益率のブレの大きさ（＝収益の予想のしづらさ）」はきちんと計算できて、数字で表すことが可能な値です。

　通常、ボラティリティは「20％」というように％で表示され、通常は金利と同じように「**年率**」換算で表示します。たとえば、「A社株価の2018年1月から6月までのボラティリティは20％」と書いてあったら、「この6か月間の値動きから計算されたボラティリティを年率換算すると20％になる」という意味です。ここではその計算の手順は説明しませんが、A社の毎日の終値と標準偏差という考え方によって計算する、とだけ覚えておけば十分です。

162　**第 7 章**　株式投資を続けていくうえで役立つデリバティブの知識

では実際のボラティリティはどのくらいの値になるのでしょうか。これは、どの銘柄をどの期間で計算したかによって変わります。たとえば、2018年12月の１か月間でトヨタのボラティリティを計算すると33.5％であり、同じ期間で任天堂は41.0％です。期間を2019年１月の１か月間に変えると、トヨタが16.7％、任天堂が39.8％となります。

　2018年の12月は市場が急落したのでその影響で各銘柄もボラティリティは高くなっています。2019年１月に市場が落ち着きを取り戻したことはトヨタのボラティリティが１月前から激減していることでわかります。ですが、さすが高ボラティリティの任天堂、市場の落ち着きなど何のその、しっかりと高ボラティリティを維持しています。

　たった４つしかないこのデータで何かを語るのはあまりに無謀ですが、同じ金額を投資するなら、トヨタを買うよりも任天堂を買うほうがたっぷり高揚感と恐怖感を味わえそうですね。


　気になる銘柄がかぶオプ銘柄であれば、ボラティリティは大阪取引所の提供する「かぶオプチャート」でわかります。ボラティリティの大きさは「カバード・コール」や「ターゲット・バイイング」をどの銘柄で行うかということの目安のひとつでもあります。高いボラティリティの銘柄を選べば、コールやプットは高く売れるのですが、その反面、権利行使される確率も高くなります。また同じ銘柄でも、大きく下落した直後などにはボラティリティは上昇していますので、プットが高く売れるかもしれません。そうであれば、「ターゲット・バイイング」が有効に働くでしょう。


　このボラティリティは、オプションの売買では主役の座を占めており、オプション戦略を極めようとすればオプションのあらゆる取引で絶対に無視できません。実はこれが、株の売買でも使えるのをご存じでしょうか？　しかも**かなり役に立つ**使い方です。さっそくご説明し

ましょう。ただし、複雑な計算式ではなく簡便式で計算するため、やや厳密さを欠きますが、誤差は無視できるほど小さいはずです。

　トヨタの例で考えます。さきほども書きましたが、トヨタの2019年1月のボラティリティは16.7%でした。このボラティリティを用いて、2月1日の終値の予想範囲を前日1月31日の終値6,675円から計算できます。そのためにまず、年率ボラティリティ16.7%を1日あたりのボラティリティに換算しましょう。それにはただ（年率）ボラティリティを16で割るだけです。

**16.7％÷16＝1.04％**

次にこの値を1月31日の終値6,675円に掛けます。

**6,675円×1.04％＝6,675円×0.0104＝69円**

　さらにこの69円を1月31日の終値6,675円に足した数字と引いた数字を計算します。

**6,675円＋69円＝6,744円**
**6,675円－69円＝6,606円**

　計算はこれで終わりです。この最後の値段を用いて、2月1日の終値予想は次のようにできます。

「2月1日の終値が確率68％で6,606円から6,744円の間に収まる」
　または、
「2月1日の終値が確率68％で前日終値6,675円の上下69円の範囲に

収まる」

　実際、トヨタの2月1日の終値は6,655円ですから、この範囲に入っています。その日を含め、その後の2月の19営業日中13日の終値が、前日終値から上下1.04%の範囲に収まっていることもわかります。19回で13回ですから約68.4%、まさに予想されたとおりの結果となりました（表50）。

**表50　ボラティリティを用いた株価終値範囲の予想と結果**

| 日付 | 終値 | 予想される株価終値の範囲 | 予想範囲内 |
|---|---|---|---|
| 2019/2/1 | 6,655 | 6,606〜6,744 | ○ |
| 2019/2/4 | 6,726 | 6,586〜6,724 | × |
| 2019/2/5 | 6,752 | 6,656〜6,796 | ○ |
| 2019/2/6 | 6,703 | 6,682〜6,822 | ○ |
| 2019/2/7 | 6,575 | 6,633〜6,773 | × |
| 2019/2/8 | 6,449 | 6,507〜6,643 | × |
| 2019/2/12 | 6,605 | 6,382〜6,516 | × |
| 2019/2/13 | 6,625 | 6,536〜6,674 | ○ |
| 2019/2/14 | 6,618 | 6,556〜6,694 | ○ |
| 2019/2/15 | 6,605 | 6,549〜6,687 | ○ |
| 2019/2/18 | 6,655 | 6,536〜6,674 | ○ |
| 2019/2/19 | 6,697 | 6,586〜6,724 | ○ |
| 2019/2/20 | 6,790 | 6,627〜6,767 | × |
| 2019/2/21 | 6,731 | 6,719〜6,861 | ○ |
| 2019/2/22 | 6,720 | 6,661〜6,801 | ○ |
| 2019/2/25 | 6,774 | 6,650〜6,790 | ○ |
| 2019/2/26 | 6,795 | 6,704〜6,844 | ○ |
| 2019/2/27 | 6,780 | 6,724〜6,866 | ○ |
| 2019/2/28 | 6,697 | 6,709〜6,851 | × |
| | | 的中率 | 68.4% |

もちろん2月1日以降にトヨタ株に大きな影響を与えるようなニュースや状況の変化があれば、この計算は「**無効**」となります。

　その場合「事態は変わった」のですから、もはやそれ以前のボラティリティは使えなくなってしまいます。そうなったらまた新規にボラティリティを計算し直して考える必要があります。

　ここで計算した流れと結果を一般化すれば次のようになります。

**(1) 銘柄Aの（年率）ボラティリティを調べる**
　　**例**：トヨタ株の2019年1月のボラティリティは16.7%
**(2) そのボラティリティを16で割り、その数字を1σ（1シグマ）とよぶ**
　　**例**：2019年1月31日でトヨタ株については69円（＝1σ）
**(3) 今日の終値から1σを引いた値段と1σを加えた値段の間に68%の確率で翌日の終値が収まる**
　　**例**「2月1日のトヨタ株終値が確率68%で6,606円から6,744円の間に収まる」

　さらにこの結果はもっと興味深いものを示します。1σ（1シグマ）という言葉が出てきましたが、株式の世界で2σ（2シグマ）という言葉を目にしたことはないでしょうか。おそらく目にされたことのある方は、「**ボリンジャーバンド**」という指標についてではないでしょうか。そうです、「ボリンジャーバンド」でもこのボラティリティという考え方で計算しています。ボラティリティという考え方がすでにいろいろと使われていることがおわかりいただけたことと思います。

166　**第 7 章**　株式投資を続けていくうえで役立つデリバティブの知識

# 市場大幅下落への対処法①
# 先物を用いたヘッジ

　本書の「はじめに」で、市場全体を覆うようなショックへの対処については難しいことではないと書きました。とはいえ、多くの方がその対処をまだ実践されていないのが実情かと思います。ここでは市場の大幅下落に対処する方法について、ていねいに説明したいと思います。

　まずこちらのチャート（図51）をご覧ください。これは2018年10月1日から2019年1月31日までの日経平均の日足チャートです。2018年12月末に日経平均は2,000円以上下落しました。

図51　日経平均　日足チャート（2018年10月1日〜2019年1月31日）

このように市場全体が下がってしまうとき、これには分散投資という手法ではまったく対処できません。市場の下落リスクに対して、損失が出ないようなある種の「**技術**」が必要とされます。

　損失がいっさい出ないようにするもっとも簡単な方法は、ポジションを持たないということです。仮にポジションをずっと持ったままで、それでもなお下落の中で損失を少しでも減らしたい、できればゼロにしたい、それを実現する方法を**ヘッジ**と言います。表52でヘッジの事例を見てみましょう。

**表52　先物を用いたヘッジの例**

| 銘柄 | | | 2018/12/20 9:00 | | 2018/12/25 15:00 | | 損益 |
|---|---|---|---|---|---|---|---|
| コード | 名称 | 株数 | 株価 | 持高 | 株価 | 持高 | |
| 4502 | 武田薬品 | 600 | 3,649 | 2,189,400 | 3,640 | 2,184,000 | −5,400 |
| 6752 | パナソニック | 2,000 | 1,035 | 2,070,000 | 920 | 1,840,000 | −230,000 |
| 7203 | トヨタ | 400 | 6,760 | 2,704,000 | 6,079 | 2,431,600 | −272,400 |
| 7974 | 任天堂 | 100 | 29,300 | 2,930,000 | 27,700 | 2,777,000 | −153,000 |
| 9984 | ソフトバンクG | 300 | 7,990 | 2,397,000 | 7,043 | 2,112,900 | −284,100 |
| 現物株合計 | | | | 12,290,400 | | 11,345,500 | −944,900 |
| 1月限mini | | −6 | 20,700 | −12,420,000 | 19,035 | −11,421,000 | 999,000 |
| 合計 | | | | | | | 54,100 |

　10月以降相場は下落し、11月に入り一段落したように見えたものの、12月に入って再び下落をし始め、10月の安値であった20,791円を12月

19日に割り込んだという状況です。この時点ですでに前日から陰線が続いています。12月19日の引け後にこの状況を見て、この後さらに下落したら困ると、考えたとしましょう。

　この時点で、5銘柄で、合計1,200万円ぐらいのポートフォリオを保有していたと仮定します。そこで翌日12月20日の寄り付きでヘッジを始めました。ヘッジの方法はとても簡単で、「**1月限miniを6枚売る**」だけのことです。ここでminiというのは、小さいサイズの日経平均の先物で、1単位あたり200万円ぐらい（2019年5月時点）の金額に相当します。

　ヘッジをしたところ、嫌な予感は見事に的中、12月25日には市場は大きく下落し、ヘッジが功を奏する結果となりました。この下落で株のポートフォリオからは当然損失が出ていて、その額は−944,900円でした。一方miniは売っていたので、市場の下落からは利益が生まれ、その額は＋999,000円でした。ですから株からの損失とminiからの利益をあわせて、54,100円の利益になりました。

　ヘッジからの利益が株の損失よりも多いのは、ややできすぎた感がありますが、ここまでうまくいかないにしても、きちんとヘッジをすることで株からの損失額をかなり補うことができます。

　このように、先物によるヘッジとは、「市場下落に合わせて先物を売り、そして、下落が落ち着いたところで先物を買い戻す」だけです。と、こういってしまうととても簡単なのですが、2つ疑問が残ります。ひとつはタイミングです。つまり、いつヘッジを開始して、いつ終了するのでしょうか。もうひとつは、先物取引の数量の疑問です。先物をいったいどれだけの量売ればよいのでしょうか。この2つの疑問について順番にご説明いたします。

まずヘッジのタイミングについて、いつ先物を売りいつ先物を買い戻せばよいのか、に学問的な答えはありません。もちろん、後になって振り返ってみれば、ベストなタイミングがいつだったのかということはわかります。市場下落の最中に、今が一番よいタイミングなのか、それとももう少し待ったほうがいいのか、すでに出遅れたのか、そんなことはわかるものではありません。

　ただひとつ言えることがあるとすれば、下落が始まってから「いつヘッジをしよう」と考えるのではもう遅いのです。市場がどういう状況になったらヘッジを始めるのか、そしていつヘッジをやめるのか、というルールを「**市場下落が始まってからではなく、それよりも以前のまだ下落が始まる前に決定しておく**」ことが求められます。

　ここではヘッジのルールを２つあげてみましょう。一番目は、「日経平均が直近の高値から何パーセント下がったら、先物を売ってヘッジする。そしてヘッジをした後に日経平均が底を打ったら、そこから何パーセント上昇したらヘッジをはずす」という方法です。２％を超える損失を出したくないと思うのであれば、２％下落したところでヘッジを開始すればよいのです。

　あるいは10％の損失までは耐えられる方は10％下落してからヘッジを開始しても遅くありません。この幅は人のよって異なりますので、ご自身で自由に決めてください。

　ちなみに、プロの場合は**２〜３％程度でヘッジする**と聞いたことがあります。

　ただこのルールでは、何パーセント動いたかをチェックしつづけないといけないので、手間がかかります。そのようなルールは面倒だという方には、二番目の方法がおすすめです。日経平均が何日連続下落したとか、何日連騰したとかいう数え方で考えます。たとえば、「下

落の不安を感じてから２日続けて下がったら３日目の寄り付きでヘッジをする、ヘッジした後に２日続けて戻したら、引けには先物を買い戻す」というように日数で考える方法です。

　これも「何日連続して下落したらヘッジすべきか」という迷いがありますが、たとえヘッジしたタイミングを誤り、市場が上昇し先物から損失が出たとしても、株のほうからそれなりの利益が出てきます。ですので大きな損失にいたることはないでしょう。

　下落率を使う方法でも、騰落の日数を使う方法でも、大事なことは、「前もってどのタイミングでヘッジをするか決めておく。そしてその状況になったら必ずルールを守ってヘッジをする」ということです。

　つづいてヘッジに使う先物の枚数についても考えましょう。これは簡単で、持っているポートフォリオの時価総額全体と、ほぼ同じ金額分の先物を売るだけです。具体的には次のように計算します。さきほどの例（表52）で、ポートフォリオの時価総額は1,200万円ぐらいでした。miniが１枚200万円ぐらいであれば1,200万円を200万円で割り算して、miniを６枚売るという計算になります。

　なお、１年以上ヘッジするといった長期の場合には、本当はβ値（ベータ値）という数値を掛けたほうがよいのですが、通常は数日とか数週間の間のヘッジなので、β値は考えなくても問題ありません。割り算だけの簡便法で十分です。

　これで、ヘッジをするタイミングもヘッジに使う枚数もわかりました。もうみなさん、いつでも先物を使ったヘッジができます。相場の下落に対しての方法がひとつ手に入ったというわけです。

　このヘッジの技術は、相場下落時以外にも有効に使うことができま

す。たとえば、仕事や旅行などでしばらく相場を見ていられない日が続くときにも役立ちます。本来、このような場合は、ポジションを一度解消することが理想的ですが、どうしてもポジションを解消したくない場合には、先物を使ってヘッジをしておけばよいのです。そうすればヘッジをしている間は損益の大きなブレはなくなりますから、安心して旅行を楽しみ、あるいは、仕事に集中できます。そして用事が済んだら先物を買い戻し、ヘッジを終えます。これはいつでも使える方法ですのでぜひ活用してみてください。

# 市場大幅下落への対処法②
# 日経225プット・オプションを
# 用いたヘッジ

　これまで説明した先物のヘッジには、実はひとつ問題点があります。それは、「ヘッジを開始するのも、終了するのも、市場の動きに出遅れてしまう」ということです。先物を売るというヘッジは市場が下落してからしかできません。さきほどの例でも下落を見極めるために、12月18日と19日の2日分の下落はヘッジをしていませんので、その間に発生する損失はあきらめることになります。下落する直前にヘッジをして、ヘッジを開始した瞬間に市場が暴落するなどという芸当ができれば素晴らしいのですが、通常不可能です。どうしても市場の下落に出遅れてヘッジを開始することになります。ここが大きな問題です。

　では、下落が始まる前に、下落に備えておく方法、一種の「下落対策保険」のようなものはないのでしょうか。もちろん、あります。そこで登場するのが日経225プットです。プットを買ってヘッジをした例が次ページの表です（表53）。

　ここでは、12月14日金曜日に、「週末に悪いニュースでも出るとイヤだ」と思い、保険としてプットを買っておいたとしましょう。1月限権利行使価格19,000円のプットを53円で2枚買いました。そうしたところ週明け以降、下落が続き、12月25日にはプットの値段は10倍以上に値上がりし、600円になっていました。その結果、株のポートフォリオからの損失が100万円近く出ていたものの、プットの利益によ

173

| 表53 | プット・オプションを用いたヘッジの例 |

| 銘柄 | | | 2018/12/20 9:00 | | 2018/12/25 15:00 | | 損益 |
|---|---|---|---|---|---|---|---|
| コード | 名称 | 株数 | 株価 | 持高 | 株価 | 持高 | |
| 4502 | 武田薬品 | 600 | 3,649 | 2,189,400 | 3,640 | 2,184,000 | −5,400 |
| 6752 | パナソニック | 2,000 | 1,035 | 2,070,000 | 920 | 1,840,000 | −230,000 |
| 7203 | トヨタ | 400 | 6,760 | 2,704,000 | 6,079 | 2,431,600 | −272,400 |
| 7974 | 任天堂 | 100 | 29,300 | 2,930,000 | 27,700 | 2,777,000 | −153,000 |
| 9984 | ソフトバンクG | 300 | 7,990 | 2,397,000 | 7,043 | 2,112,900 | −284,100 |
| | 現物株合計 | | | 12,290,400 | | 11,345,500 | −944,900 |
| 銘柄 | | | 2018/12/14 15:00 | | 2018/12/25 15:00 | | 損益 |
| | 1月限190PUT | 2 | 53 | 106,000 | 600 | 1,200,000 | 1,094,000 |
| | 合計 | | | | | | 149,100 |

って市場下落の損失を補うことができました。

　プットによるヘッジは、プットを買うだけという手軽さに加え、損失限定という点に魅力があります。つまり、プットの買いからは、買った代金以上の損失が発生しないので、先物を売るというヘッジとは異なり、市場下落が起こるよりも前に、保険のように前もって買っておくことができるのです。

　さて、ここでも同様に、先物のヘッジと同じ疑問が浮かびます。売買のタイミングと、枚数はどのように決めるのでしょうか。プットを使ったヘッジの場合、決めなければいけないことが、先物に比べて少し増えます。売買のタイミング、枚数、限月、権利行使価格、この４つです。

まずタイミングは簡単です。市場下落の不安を感じたら、それがプット買いのタイミングです。いつでもよいのです。

　ただ、「選挙」のようにいつかということが前もってわかるイベントがあり、結果によっては相場が大きく動くかもしれないといった状況の場合には、イベントが起こる前の日に買っておくのが基本です。

　買ったプットを売るタイミングは、イベントが終わったところ、あるいは、市場が落ち着いたところになります。

　つづいてプットを買う枚数ですが、これにはさまざまな方法があります。その中でももっとも簡単なのは持っているポートフォリオの**時価総額の１％程度の代金で買えるだけプットを買う**という方法です。相場下落からの損失のすべてを完全に補填できるとは限りませんが、プットを買うというヘッジは、掛け捨ての保険のようなものです。保険料として考えれば１％は十分な金額です。保有している株のポートフォリオの時価総額が仮に1,200万円ぐらいであれば、１％に相当する、12万円程度で買えるプットを買えば十分ということになります。

　この場合、プレミアムが120円（日経225オプションでは、オプション代金はプレミアムを1,000倍します。）のものを１枚買うという方法もありますし、60円のプットを２枚買うということもできます。

　この方法でプットを買うだけでも、日経平均が1,000円下落するといった大幅下落ではとてつもない威力を発揮することは、表53をもう一度ご覧いただければ納得いただけるでしょう。

　次に限月と権利行使価格の決め方をご説明します。限月については、期近と呼ばれる直近の限月を選びましょう。なぜなら、残存日数が短いオプションほど値段が安く買うことができるからです。なるべくコストをかけないことも大事なことです。

　つづいてどの権利行使価格を選ぶかは、日経平均がどこまで下がっ

たら耐えられないかということが判断基準です。たとえば日経平均が今20,000円だとして、19,000円まで下がったら耐えられないと思うのであれば、権利行使価格19,000円のプットを買いましょう。

　先物を使ったヘッジと比べると、プットを用いるほうが、売買のタイミングは簡単です。しかし、だからといっていつでもプットでヘッジをすればよいというほど簡単ではありません。プットでヘッジをするということは、プットを新たに買わなければならず、買い代金が別に必要になります。**ヘッジにコストがかかる**ということです。
　ですからお金がかけられるならこういう戦略もとれますが、通常は先物を用います。また、オプションには時間が経つと値段がしだいに安くなるという性質（タイムディケイ）がありますから、あまり長い期間オプションでヘッジしていると、ヘッジの効果がしだいに薄れてしまうという問題点があります。
　したがって、プットを使ってヘッジをするのはイベントのときだけにして、イベントが終わったらさっさと売るというのが鉄則です。長期のヘッジには先物が向いていますので、それぞれ使い分けてください。

　これらのヘッジの手法は実際に何度か試して経験してみると意外に簡単なことだとわかります。とはいっても下落していく相場の中で先物を売って初めてヘッジを行うのは、なかなかの緊張感をともなうものです。本番のヘッジに臨む前のリハーサルとして、「OSE先物・オプションシミュレーター」（https://www.fopstudy.com/）という学習用サイトで、ヘッジの疑似練習をぜひ試してみてください。

　ここまでご紹介しましたように、先物やオプションというデリバティブ取引は、株式投資をしてくうえで大変役に立つ「道具」となりま

す。先物やオプションを単体で取引する必要はまったくありません。市場が大きく下落するときには、株の取引から発生する損失を先物・オプションによるヘッジで補い、市場が元気に上昇するときには株からの利益を素直に積み上げていく。こうなれば、「株取引は暴落が怖い」などということも過去の話になります。

　また、デリバティブ取引をするしないにかかわらず、ボラティリティの情報を見ておくことは大切です。ボラティリティを調べることで、前述したように日々の株価の値幅が予想しやすくなります。また、ボラティリティが大きくなり始めることは、市場参加者が市場の動きを予想しづらくなったと考えていることの証拠です。ですから、市場に対して安心感をいだくより不安を感じていることにも通じます。そんなときに悪いニュースでも出れば一気に暴落ということになりかねません。つまりボラティリティに注目していることで、**暴落を予見できる**かもしれないのです。

　先物・オプション口座を開設しておくことで、いざというときには先物やプットでヘッジができ、積み上げてきた利益を守ることができます。デリバティブ取引は、株式投資と対立するものではありません。
　むしろ株式投資をより安全に効率よく行うための便利なツールです。本書では、株式投資の利回りを高めるうえで強力に役立つデリバティブとしてかぶオプを中心にご紹介いたしましたが、ヘッジとしての先物や日経225オプションも役に立ちますので、これを機にあわせて見識を広げていただけましたら幸いです。

# 付　録

## 付録1.
### 【かぶオプ対象銘柄一覧（2019年7月31日時点）】

| コード | オプション対象証券 |
|---|---|
| 1306 | TOPIX連動型上場投資信託 |
| 1308 | 上場インデックスファンドTOPIX |
| 1309 | 上海株式指数・上証50連動型上場投資信託 |
| 1320 | ダイワ上場投信—日経225 |
| 1321 | 日経225連動型上場投資信託 |
| 1328 | 金価格連動型上場投資信託 |
| 1330 | 上場インデックスファンド225 |
| 1343 | NEXT FUNDS 東証REIT指数連動型上場投信 |
| 1540 | 純金上場信託（現物国内保管型） |
| 1591 | NEXT FUNDS JPX日経インデックス400連動型上場投信 |
| 1605 | 国際石油開発帝石 |
| 1615 | 東証銀行業株価指数連動型上場投資信託 |
| 1671 | WTI原油価格連動型上場投信 |
| 1801 | 大成建設 |
| 1802 | 大林組 |
| 1803 | 清水建設 |
| 1808 | 長谷工コーポレーション |
| 1812 | 鹿島建設 |
| 1878 | 大東建託 |
| 1925 | 大和ハウス工業 |

| コード | オプション対象証券 |
|---|---|
| 1928 | 積水ハウス |
| 1944 | きんでん |
| 1963 | 日揮 |
| 2002 | 日清製粉グループ本社 |
| 2269 | 明治ホールディングス |
| 2432 | ディー・エヌ・エー |
| 2502 | アサヒグループホールディングス |
| 2503 | キリンホールディングス |
| 2531 | 宝ホールディングス |
| 2651 | ローソン |
| 2768 | 双日 |
| 2802 | 味の素 |
| 2914 | 日本たばこ産業 |
| 3092 | ZOZO |
| 3249 | 産業ファンド投資法人 |
| 3269 | アドバンス・レジデンス投資法人 |
| 3279 | アクティビア・プロパティーズ投資法人 |
| 3382 | セブン&アイ・ホールディングス |
| 3402 | 東レ |
| 3405 | クラレ |
| 3407 | 旭化成 |
| 3436 | SUMCO |
| 3462 | 野村不動産マスターファンド投資法人 |
| 3632 | グリー |
| 3861 | 王子ホールディングス |
| 3863 | 日本製紙 |
| 4005 | 住友化学 |
| 4062 | イビデン |
| 4063 | 信越化学工業 |
| 4183 | 三井化学 |

| コード | オプション対象証券 |
|---|---|
| 4188 | 三菱ケミカルホールディングス |
| 4307 | 野村総合研究所 |
| 4324 | 電通 |
| 4452 | 花王 |
| 4502 | 武田薬品工業 |
| 4503 | アステラス製薬 |
| 4508 | 田辺三菱製薬 |
| 4519 | 中外製薬 |
| 4523 | エーザイ |
| 4528 | 小野薬品工業 |
| 4543 | テルモ |
| 4568 | 第一三共 |
| 4631 | DIC |
| 4661 | オリエンタルランド |
| 4676 | フジ・メディア・ホールディングス |
| 4689 | ヤフー |
| 4704 | トレンドマイクロ |
| 4716 | 日本オラクル |
| 4739 | 伊藤忠テクノソリューションズ |
| 4755 | 楽天 |
| 4901 | 富士フイルムホールディングス |
| 4902 | コニカミノルタ |
| 4911 | 資生堂 |
| 5020 | JXTGホールディングス |
| 5108 | ブリヂストン |
| 5201 | AGC |
| 5202 | 日本板硝子 |
| 5214 | 日本電気硝子 |
| 5233 | 太平洋セメント |
| 5333 | 日本碍子 |

| コード | オプション対象証券 |
|---|---|
| 5401 | 日本製鉄 |
| 5406 | 神戸製鋼所 |
| 5411 | ジェイ　エフ　イー　ホールディングス |
| 5631 | 日本製鋼所 |
| 5706 | 三井金属鉱業 |
| 5711 | 三菱マテリアル |
| 5713 | 住友金属鉱山 |
| 5801 | 古河電気工業 |
| 5802 | 住友電気工業 |
| 5803 | フジクラ |
| 5901 | 東洋製罐グループホールディングス |
| 5938 | LIXILグループ |
| 6098 | リクルートホールディングス |
| 6141 | DMG森精機 |
| 6178 | 日本郵政 |
| 6273 | SMC |
| 6301 | 小松製作所 |
| 6302 | 住友重機械工業 |
| 6305 | 日立建機 |
| 6326 | クボタ |
| 6366 | 千代田化工建設 |
| 6367 | ダイキン工業 |
| 6460 | セガサミーホールディングス |
| 6471 | 日本精工 |
| 6472 | NTN |
| 6479 | ミネベアミツミ |
| 6501 | 日立製作所 |
| 6502 | 東芝 |
| 6503 | 三菱電機 |
| 6592 | マブチモーター |

| コード | オプション対象証券 |
|---|---|
| 6594 | 日本電産 |
| 6645 | オムロン |
| 6674 | ジーエス・ユアサ　コーポレーション |
| 6701 | 日本電気 |
| 6702 | 富士通 |
| 6703 | 沖電気工業 |
| 6723 | ルネサスエレクトロニクス |
| 6724 | セイコーエプソン |
| 6752 | パナソニック |
| 6753 | シャープ |
| 6758 | ソニー |
| 6762 | TDK |
| 6770 | アルプスアルパイン |
| 6806 | ヒロセ電機 |
| 6857 | アドバンテスト |
| 6861 | キーエンス |
| 6902 | デンソー |
| 6952 | カシオ計算機 |
| 6954 | ファナック |
| 6963 | ローム |
| 6971 | 京セラ |
| 6976 | 太陽誘電 |
| 6981 | 村田製作所 |
| 6988 | 日東電工 |
| 7011 | 三菱重工業 |
| 7012 | 川崎重工業 |
| 7013 | IHI |
| 7181 | かんぽ生命保険 |
| 7182 | ゆうちょ銀行 |
| 7201 | 日産自動車 |

| コード | オプション対象証券 |
|---|---|
| 7202 | いすゞ自動車 |
| 7203 | トヨタ自動車 |
| 7259 | アイシン精機 |
| 7261 | マツダ |
| 7267 | 本田技研工業 |
| 7269 | スズキ |
| 7270 | SUBARU |
| 7272 | ヤマハ発動機 |
| 7731 | ニコン |
| 7733 | オリンパス |
| 7741 | HOYA |
| 7751 | キヤノン |
| 7752 | リコー |
| 7911 | 凸版印刷 |
| 7912 | 大日本印刷 |
| 7974 | 任天堂 |
| 8001 | 伊藤忠商事 |
| 8002 | 丸紅 |
| 8028 | ユニー・ファミリーマートホールディングス |
| 8031 | 三井物産 |
| 8035 | 東京エレクトロン |
| 8053 | 住友商事 |
| 8058 | 三菱商事 |
| 8113 | ユニ・チャーム |
| 8252 | 丸井グループ |
| 8253 | クレディセゾン |
| 8267 | イオン |
| 8306 | 三菱UFJフィナンシャル・グループ |
| 8308 | りそなホールディングス |
| 8309 | 三井住友トラスト・ホールディングス |

| コード | オプション対象証券 |
|---|---|
| 8316 | 三井住友フィナンシャルグループ |
| 8410 | セブン銀行 |
| 8411 | みずほフィナンシャルグループ |
| 8473 | SBIホールディングス |
| 8591 | オリックス |
| 8601 | 大和証券グループ本社 |
| 8604 | 野村ホールディングス |
| 8630 | SOMPOホールディングス |
| 8725 | MS&ADインシュアランスグループホールディングス |
| 8750 | 第一生命ホールディングス |
| 8766 | 東京海上ホールディングス |
| 8795 | T&Dホールディングス |
| 8801 | 三井不動産 |
| 8802 | 三菱地所 |
| 8830 | 住友不動産 |
| 8951 | 日本ビルファンド投資法人 |
| 8952 | ジャパンリアルエステイト投資法人 |
| 8953 | 日本リテールファンド投資法人 |
| 8954 | オリックス不動産投資法人 |
| 8955 | 日本プライムリアルティ投資法人 |
| 8957 | 東急リアル・エステート投資法人 |
| 8961 | 森トラスト総合リート投資法人 |
| 8967 | 日本ロジスティクスファンド投資法人 |
| 8972 | ケネディクス・オフィス投資法人 |
| 8976 | 大和証券オフィス投資法人 |
| 8984 | 大和ハウスリート投資法人 |
| 9005 | 東京急行電鉄 |
| 9020 | 東日本旅客鉄道 |
| 9021 | 西日本旅客鉄道 |
| 9022 | 東海旅客鉄道 |

| コード | オプション対象証券 |
|---|---|
| 9062 | 日本通運 |
| 9064 | ヤマトホールディングス |
| 9101 | 日本郵船 |
| 9104 | 商船三井 |
| 9107 | 川崎汽船 |
| 9142 | 九州旅客鉄道 |
| 9201 | 日本航空 |
| 9202 | ANAホールディングス |
| 9301 | 三菱倉庫 |
| 9404 | 日本テレビホールディングス |
| 9432 | 日本電信電話 |
| 9433 | KDDI |
| 9434 | ソフトバンク |
| 9437 | NTTドコモ |
| 9501 | 東京電力ホールディングス |
| 9502 | 中部電力 |
| 9503 | 関西電力 |
| 9504 | 中国電力 |
| 9506 | 東北電力 |
| 9508 | 九州電力 |
| 9513 | 電源開発 |
| 9531 | 東京瓦斯 |
| 9532 | 大阪瓦斯 |
| 9613 | エヌ・ティ・ティ・データ |
| 9735 | セコム |
| 9766 | コナミホールディングス |
| 9831 | ヤマダ電機 |
| 9983 | ファーストリテイリング |
| 9984 | ソフトバンクグループ |

# 付録2.

## 【権利行使価格の刻み】

| 権利行使価格 | 刻みの幅 |
|---|---|
| 500円未満 | 25円 |
| 500円以上 1,000円未満 | 50円 |
| 1,000円以上 2,000円未満 | 100円 |
| 2,000円以上 5,000円未満 | 200円 |
| 5,000円以上 3万円未満 | 500円 |
| 3万円以上 5万円未満 | 1,000円 |
| 5万円以上 10万円未満 | 2,500円 |
| 10万円以上 20万円未満 | 1万円 |
| 20万円以上 50万円未満 | 2万円 |
| 50万円以上 100万円未満 | 5万円 |
| 100万円以上 200万円未満 | 10万円 |
| 200万円以上 500万円未満 | 20万円 |
| 500万円以上 1,000万円未満 | 50万円 |
| 1,000万円以上 2,000万円未満 | 100万円 |
| 2,000万円以上 5,000万円未満 | 200万円 |
| 5,000万円以上 | 500万円 |

# 付録3.

## 【かぶオプ情報リンク集】

### 日本取引所グループ ホームページ

https://www.jpx.co.jp/

### かぶオプチャート

http://www.option-info.net/

### 北浜投資塾

https://www.jpx.co.jp/ose-toshijuku/index.html

### OSE kabu_op (Twitter)

https://twitter.com/kabu_op

# おわりに

　本書は、この低成長の時代において着実な資産形成を目指す方法として、かぶオプを用いた戦略である「カバード・コール」と「ターゲット・バイイング」をご紹介することを目的に書き始めました。

　かぶオプの取引は、やり方さえ覚えてしまえば難しいことがまったくない取引ですので、たった第1章だけの本になるのではないかと思っていたのですが、いざ書き進めていくうちに、お伝えしたいことが増えてしまいました。

　私自身、普段は個人投資家として取引をしており、身をもって成功も失敗も体験しております。その体験と学びを踏まえて書いた本書ですので、株式の投資家が前もって知っておいたほうがより安全に投資を継続できる方法や、知っていることで投資が楽になることなどをできる限り書きました。

　その結果、本書は「カバード・コール」、「ターゲット・バイイング」

にとどまらず、デリバティブを併用することで株式投資をいかに安全に効率化するか、そのノウハウをできる限り盛り込むような内容となり、デリバティブの入門書としてもお使いいただける一冊になったと思います。

　かぶオプの本だと思って本書を手に取っていただいた方には、話が大きく広がり過ぎているとお感じになるかもしれませんが、今の時代、株式とデリバティブは切っても切り離せない間柄となってきているのは事実です。

　かぶオプをきっかけに、デリバティブを含めたもう一歩広い投資の世界へ目を向けていただけたら、きっと株式投資はこれまで以上に気軽に、かつ、安全に取り組むことができ、さらにわくわくするものとなることと信じております。本書がみなさまのこれからのより豊かな投資の一助となりましたら幸いです。

安藤希

●著者略歴
安藤希（あんどう・のぞみ）
株式会社シンプレクス・インスティテュート取締役。東京大学教育学部総合
教育科学科卒業。一橋大学大学院経営管理研究科金融戦略・経営財務プログ
ラム在籍。株式会社シンプレクス・テクノロジー（現シンプレクス株式会
社）での大手金融機関向けシステム開発の経験を経て、2014年株式会社シン
プレクス・インスティテュート入社。2016年同取締役就任。
投資家向け学習コンテンツ（OSE先物・オプションシミュレーター等）の
制作などを手掛ける。個人投資家としてゼロから先物・オプション取引を学
んだ経験をもとに、初心者の視点に立ったデリバティブ取引の啓蒙・教育活
動を行う。取引所主催のセミナーでは、「先物・オプション取引の基礎」や
「かぶオプを使った投資手法」をテーマに講演、自身の投資経験を交えた初
心者にもわかりやすい解説で人気。日本取引所グループの学習用ウェブサイ
ト「北浜投資塾」の講師として動画セミナーでも活躍。
趣味は着物。着付けの高等師範認定、全日本きもの振興会認定きものコンサ
ルタント資格を持つ。

# 「かぶオプ」の教科書

| 2019年 9 月 2 日 | 第 1 刷発行 |
| 2023年 9 月 1 日 | 第 2 刷発行 |

著　　者　　**安藤　希**

発 行 者　　**唐津　隆**

発 行 所　　**株式会社ビジネス社**
〒162-0805 東京都新宿区矢来町114番地
神楽坂高橋ビル 5 階
電話 03(5227)1602　FAX 03(5227)1603
https://www.business-sha.co.jp

カバー印刷・本文印刷・製本/半七写真印刷工業株式会社
〈カバーデザイン〉中村聡
〈本文デザイン〉茂呂田剛（エムアンドケイ）
〈編集担当〉本田朋子　〈営業担当〉山口健志

ⒸNozomi Ando 2019　Printed in Japan
乱丁・落丁本はお取りかえいたします。
ISBN978-4-8284-2127-8

ビジネス社の本

# やってはいけない！老後の資産運用
## ダマされないための究極のコツ

岩城みずほ……著

定価　本体1400円＋税
ISBN978-4-8284-2110-0

2000万円をためるどころの話ではない！
あなたの蓄えが狙われている!!
正しい老後の資産運用をおしえます！
50代が資産形成のラストチャンス！
60代70代はいかに資産を守るべきか！
買ってはいけない金融商品、サービス一覧付き！

本書の内容

第1章　50代以上の「現実」
第2章　50歳を過ぎたらやってはいけない
第3章　あなたのお金を狙う人たちに関わってはいけません
第4章　買ってはいけない金融商品
第5章　50歳からの資産防衛
第6章　幸せになるお金の使い方

ビジネス社の本

# 株は5勝7敗で十分儲かる！
## ビビりのわたしにもできた身の丈投資術

藤川里絵……著

定価 本体1400円+税
ISBN978-4-8284-2111-7

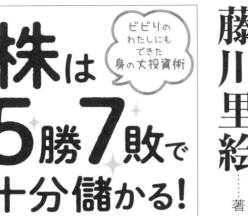

「年間損益負けなし」はいかに達成されたのか？
5年で資産を10倍にした著者の赤裸々な姿を大公開！
「わたしの恥ずかしい戦績をお見せします！」
いまなら購入者限定特典付き！

**本書の内容**

第1章　「勝つ投資」ではなく「負けない投資」をしよう
第2章　わたし、火遊びしちゃいました！【2018年1月〜3月】
第3章　わたし、一進一退です！【2018年4月〜6月】
第4章　わたし、すこし調子に乗っています！【2018年7月〜9月】
第5章　わたし、10月の暴落を乗りきったんです！【2018年10月〜12月】
第6章　わたし、感じるんです、大儲けの予感！【2019年1月〜3月】
第7章　わたし、偏愛してるんです！【愛着銘柄20】